Análise

Vera Iaconelli

Análise

2ª reimpressão

Copyright © 2025 by Vera Iaconelli

Grafia atualizada segundo o Acordo Ortográfico da Língua Portuguesa de 1990, que entrou em vigor no Brasil em 2009.

Capa
Elisa von Randow

Foto de capa
Acervo da autora

Preparação
Diogo Henriques

Revisão
Ana Alvares
Valquíria Della Pozza

Dados Internacionais de Catalogação na Publicação (CIP)
(Câmara Brasileira do Livro, SP, Brasil)

Iaconelli, Vera
    Análise / Vera Iaconelli. — 1ª ed. — Rio de Janeiro : Zahar, 2025.

    ISBN 978-65-5979-242-9

    1. Ensaios brasileiros 2. Psicanálise I. Título.

25-269101   CDD-150.195

Índice para catálogo sistemático:
1. Ensaios : Psicanálise 150.195

Cibele Maria Dias — Bibliotecária — CRB-8/9427

Todos os direitos desta edição reservados à
EDITORA SCHWARCZ S.A.
Praça Floriano, 19, sala 3001 — Cinelândia
20031-050 — Rio de Janeiro — RJ
Telefone: (21) 3993-7510
www.companhiadasletras.com.br
www.blogdacompanhia.com.br
facebook.com/editorazahar
instagram.com/editorazahar
x.com/editorazahar

Análise

Gosto de escrever ao som do martelete, mas agora é hora de almoço e não há barulho vindo da casa ao lado, apenas a batida do teclado do computador. Vai demorar para chegar o dia em que os sons da casa ao lado incluam os do meu teclado numa tarde ensolarada como hoje, o dia em que poderei habitá-la. Com sorte, mais alguns meses, talvez um ano.

Comecei minha primeira análise porque meu irmão havia morrido quatro anos antes, meu pai era alcoólatra, minha mãe era submissa a ele e havíamos sido despejados. Não. Comecei porque precisava conversar com algum adulto que fosse confiável, nem que precisasse pagar para isso. Não. Comecei porque esse irmão estudou psicologia e morreu no ano em que se formaria, e fazer terapia era uma forma de me aproximar dele. Não. Porque eu tinha uma profunda identificação com essa mãe, de quem sempre tive pena sem entender sua participação ativa no drama de sua vida, e de quem temia me separar para bancar meu desejo. Não. Porque foi indicação da ex-namorada do meu irmão, a quem o luto transformou em melhor amiga. Comecei porque era nos Jardins, eu morava no centro da cidade e dava para ir a pé. Comecei minha análise porque eram treze horas do dia

20 de novembro de 1982 e eu havia marcado uma entrevista com uma analista.

Acabou a trégua, o martelete da casa ao lado volta a atacar.

Entro no elevador, que tem duas portas, uma de frente para a outra. Enquanto ele sobe, fico alerta, tentando adivinhar qual será a minha saída. Eu precisava de um elevador normal, com espelho, para conferir a cara nessa madrugada. Por que alguns hospitais insistem nessa decoração de hotel? Qual seria a inspiração? Férias eternas?

Duas batidinhas na porta, um empurrão em câmera lenta, esticando o pescoço para dentro. Se não fosse permitido entrar, a porta estaria trancada ou a lâmpada vermelha acesa, mas, ainda assim, a sensação é de estar sendo inconveniente. Tudo em hospital é inconveniente.

Envelhecer é inconveniente. Morrer, nem sempre.

Já no quarto, o olho encontra o nome no mesmo instante. Ao pé da cama, na lousa branca mal preenchida, está lá meu nome, sem tirar nem pôr. Paciente Vera, protocolo para alto risco de queda. A qualquer momento, meu nome corre o altíssimo risco de queda. Um nome caindo de forma irremediável.

Você parece bem, apesar de tudo que me relataram, dos fatos que te levaram a ser internada com urgência. Foi perdendo o controle da mão, a boca entortou, o olhar de pavor, corre-corre no meio do bingo. Será que continuaram a partida depois que você foi retirada numa cadeira de rodas?

Noventa e cinco anos! Nem parece.

"Gostaria de pedir um minuto de silêncio para aquela senhora que acabou de ser levada pela ambulância e cujo nome e paradeiro desconhecemos. Bingo!"

"Um minuto de silêncio não, ela saiu viva!" — alguém grita, acusando o lapso.

Minha cabeça vai longe. Que é onde eu preferiria estar.

Chegou a Vera, filha da dona Vera. Essa piada não falha. Nome e sobrenome idênticos, homônimas. Ou pior, chegou a Verinha, mulher-feita, mas com o nome no diminutivo, como se fosse socialite. Nome de socialite não foi feito para ocupações reais; foi feito para convite de festa e coluna social. Não é o meu caso. Diminutivo também serve para aquelas senhoras que, apesar de já terem tido dez filhos, nunca alcançaram o status de adultas: são Titis, Fifis, sei lá.

Sua pele, mãe, está desistindo de recobrir o recheio. Muito branca, transparente, com as veias invadindo a superfície cada vez mais. Como chama aquele rolinho vietnamita feito com folha de arroz? Rolinho de folha de arroz? Deve ser isso. Perdi metade da explicação da enfermeira, tomada pela urgência de pensar nos bolinhos.

Os exames sairão em breve, tudo leva a crer que foi um micro-AVC, mas os movimentos do lado esquerdo já estão retornando. Você é forte, mãe, e quer muito viver. Nunca sei qual das duas coisas é preponderante, mas impressiona. Totalmente lúcida e razoavelmente saudável, querendo muito viver ou temendo muito morrer, sei lá.

Teve um tempo em que eu pensava muito na minha morte, era uma espécie de alucinação controlada, vislumbrando o próprio limite da possibilidade de vislumbrar. Imaginando o precipício enquanto o corpo permanecia imóvel sobre a cama, em perfeita segurança. Gastei horas nisso, como quem desce a montanha-russa de novo e de novo, ciente de que se trata de um perigo sob total controle. Zero proximidade com a morte, só uma sensação ruim e desgastante. Um exercício do nada.

— Fico, fico com ela, sim, pode ir para casa.

Fico aqui com ela todo o tempo que você precisar, mas, pelo amor de Deus, volta logo, porque detesto ter que ficar aqui presa, sem poder correr para a minha vida. Minha irmã mal arreda o pé dali, vai só buscar coisas no apartamento onde ela e minha mãe moram e voltar correndo. Como se duas Veras não pudessem ocupar o mesmo lugar no espaço, uma atada à cama e outra escapando por um fio, pela fiação, pela ficção. Houve um tempo em que eu quis muito ter momentos a sós com você, nos quais pudesse perguntar sobre coisas que você tinha me contado décadas atrás. Não anseio mais por eles.

A enfermeira entra, vem medir alguma coisa, se apresenta, respondo meu nome e vejo o interesse na coincidência. Sim, somos homônimas. Eu sou a filha que vem pouco e fica pouco. Sou a Verinha.

Muitos são os caminhos que nos levam a procurar a ajuda de um psicanalista, e todos passam por um certo caldo de cultura que entende que a psicanálise seria uma resposta para o sofrimento. Calhou de eu sentir uma tristeza enorme aos dezessete anos, e de conhecer uma psicóloga que conhecia uma psicanalista. Daí para cair de costas num divã foram dois palitos. Já o percurso que me levou a precisar de ajuda é bem mais custoso de descrever. Resisto o quanto posso. Essa história tem infinitas versões possíveis, e qualquer coisa que eu disser a partir daqui será mais uma delas, ou seja, construções e improvisos sobre um vazio original. Nasci a quinta filha em uma prole de seis — ou deveria dizer oito, uma vez que meu pai teve dois filhos fora do casamento, cuja existência só descobri na adolescência?

    A lembrança dos seis filhos é uma das mais preciosas memórias da minha vida, congelada numa cena em que estamos todos de banho tomado e de pijama, amontoados no sofá da sala, brincando de fazer sombras à luz de velas. Lembrança encobridora, como diria Freud. Uma cena que recobre outra, mais difícil de encarar, servindo de índice e de despiste. A falta de luz não é um indicativo de pobreza; no caso, a pobreza havia sido uma realidade da infância dos meus pais, não da minha. Mas ela revela como nos virávamos diante do imprevisto e da falta: nos amontoando, rindo, ignorando. Tudo é perfeito nessa lembrança, tudo é contagioso e melancólico. As interpretações que fiz dela equivalem a décadas de choro e ranger de dentes sobre o divã. Escrevendo estas linhas, me pego arriscando mais uma interpretação, inédita. Das seis pessoas que compõem a foto do sofá, duas faleceram precocemente, os dois irmãos mais velhos, o primeiro aos 24 e o segundo aos 45 anos. A primeira morte rompeu o arranjo instável de uma família disfuncional.

Essa é a praga do sentido, infindável em seu gozo de produzir mais e mais versões para aquilo que somos incapazes de inscrever. Lacan usará a sonoridade da palavra *jouissance*, gozo, para falar em *jouis-sense*, gozar do sentido. Espertinho esse Lacan. Tive que esperar pela análise lacaniana para dar um corte nessa expectativa de que haveria a derradeira versão. Antes disso, foram anos dando cabeçada em busca de uma palavra final.

Freud diz que o trauma é precedido pela calmaria para a qual sonhamos voltar, na expectativa impossível de recolocar a pasta de dentes no tubo espremido. Buscamos refúgio nas cenas que antecedem o acontecimento trágico, recriando um momento idílico antes do mal súbito. É como se, no meio de uma guerra, sonhássemos com o tempo anterior ao fatídico bombardeio no qual perdemos um ente querido, sob a condição de esquecermos convenientemente que já estávamos em guerra.

Mas há outras formas de lidar com a intensidade traumática. Uma paciente pode contar uma cena de abuso da qual só se lembra das cores do lustre que tinha ao alcance dos olhos. É como se, para suportar o insuportável, só lhe restasse reduzir-se a um olho que vê um lustre, deixando o corpo ausente de si enquanto o algoz desfruta dele. Os relatos de tortura dizem muito dos subterfúgios que usamos para preservar a alma frente ao horror.

As demandas por uma análise encerram um paradoxo central da paixão pela ignorância apontada por Lacan. Levamos nosso sintoma para o analista como um apêndice que não reconhecemos, pedindo com ardilosa ingenuidade para que ele o estirpe, nos conforte e nos livre de todo mal. Passadas quatro décadas, lembro que era assim que eu me imaginava chegando nesse espaço que prometia me curar. Eu contaria uma história de sofrimento, revelaria minha sensibilidade e amadurecimento precoce e seria acolhida por alguém que: 1) me daria razão; 2) me perdoaria; 3) me amaria; 4) me curaria; e então, ao fim e ao cabo do processo, eu me tornaria uma pessoa melhor, mais completa e realizada.

Não estava descartada a possibilidade de conquistar o mundo, como efeito colateral.

Uma versão: um pai alcoólatra apaixonado pela secretária mais jovem com quem teve dois filhos enquanto vivia com a esposa, a quem também amava, e seus outros seis filhos. Um pai melancólico e violento, capaz de impingir as maiores humilhações aos próprios filhos, pois, sentindo-se ele mesmo humilhado pela vida, não conseguia imaginar um lugar mais adequado para sua descendência. Uma mãe que não podia saber, contra todas as evidências, da vida dupla do marido, para sobreviver moral e economicamente.

Os anos de trabalho na clínica me fizeram testemunhar arranjos diferentes diante da humilhação que os pais carregam e que se transmite à prole. Há os que buscam desesperadamente que os filhos realizem aquilo do qual imaginam terem sido privados. Os filhos se tornam projetos de futuro superinvestidos para que a desforra se dê ao final. Se o pacto der certo e os rebentos os alçarem à condição de pais de alguém socialmente reconhecido, ainda teremos algumas questões a serem administradas. Até que ponto e a que custo os filhos se dispõem a tamanha submissão ao desejo dos pais? Os pais se darão por satisfeitos ao viverem um reconhecimento por procuração? Ser pai e mãe de um filho bem-sucedido, por vezes até famoso, pode aumentar ainda mais a inveja de quem já se sentia historicamente humilhado. Nesses casos, o tiro sai pela culatra e os pais passam a tentar explorar e competir com a prole. Não é fácil aguentar a inveja de ver filhos que prosperam quando não nos foi permitido prosperar também.

Também pode acontecer de os pais ficarem tão identificados com o risco de os filhos sofrerem humilhação que passam a superprotegê-los e vitimá-los, não suportando a ideia de vê-los rebaixados. Privam os filhos de experiências nas quais imaginam que eles poderiam fracassar, ou seja, de quase tudo na vida. O uso que se pode fazer dos filhos na esperança de aplacar angústias infantis depende da posição inconsciente que a prole, e cada filho em particular, ocupa nas fantasias dos pais e cuidadores principais. Todos os casos que podem derivar dessa demanda por vingar a experiência de humilhação dos pais — e muitos são os cenários possíveis — partem da mesma lógica: a impossibilidade de ver em nós algo além de vencedores e perdedores. E, como para martelo tudo é prego, fica difícil para esses pais reconhecer que somos 8 bilhões de pessoas incomparáveis sobre a Terra. Eles seguem se medindo com todo mundo na esperança de um dia estarem no topo, sob o preço de não aguentarem perder, e portanto incapazes de ganhar sem ficarem paranoicos pelo medo de perder o que conquistaram. Estão aí os donos do mundo a servir de exemplo: sem limites na busca por um poder que nunca os satisfaz e paranoicos com o risco de serem deixados para trás, pois é isso que eles costumam fazer com os outros.

Mas não estou sendo inteiramente justa aqui. Todos nós nos medimos com o semelhante. Não conseguimos prescindir dessa baliza, que, por sinal, é condição para a fundação do Eu. O processo psíquico que permite que nos reconheçamos como alguém e digamos "Eu sou" só se dá na relação com um outro, que nos serve de modelo e rival. A rivalidade vem junto com a necessidade de não se confundir com o outro, de se separar. Isso acontece porque, nos primórdios, precisamos ceder à linguagem, que nos precede; nos alienarmos às palavras. Só temos acesso à linguagem através dos cuidadores, que são a única forma de entrarmos nela. A linguagem já estava lá antes de nascermos, portanto ela nos coloniza e nos aliena. Podemos nos identificar como a filhinha querida do papai ou como o estorvo do casal, como ambos ou nenhum dos dois, mas precisamos assumir algum significante para chamar de nosso, ou melhor, de Eu. E precisamos, igualmente, marcar a separação entre nós, pois essa identificação com o outro deve ser parcial e promover espaço para a diferença radical entre nós.

Para quem sempre se imaginou fadado ao fracasso, como meu pai, a prole não soava muito promissora. Em sua vida, por alguma razão que jamais conhecerei, ele podia conquistar tudo, mas sob a condição de perder em seguida. As projeções sobre a descendência são inevitáveis e mesmo desejáveis, se quisermos assumir o lugar de pais. Mas é na diferença entre o que projetamos nos filhos e o que eles nos devolvem que veremos nossa capacidade de amá-los pelo que são, para além das nossas expectativas narcísicas do que achamos que eles deveriam ser. A depender de onde a cegonha joga o rebento na fantasia dos responsáveis, teremos "soluções" muito diversas. "Nascer em berço de ouro" aqui tem uma conotação bem distinta da ideia de nascer em uma família socialmente privilegiada. O grande valor está em ter a sorte de ser cuidado por alguém que se deixe descartar no momento oportuno, que permita que os filhos se desloquem para além das expectativas de reparação ou da confirmação das fantasias transgeracionais.

Meu pai, na interpretação que fiz dele e da qual partiram minhas escolhas, era o cara que se sentia humilhado e humilhava os filhos, esses que o representavam perante o mundo. Ele adorava contar que do próprio pai só havia herdado uma colher... furada. Essa imagem insólita e inadvertidamente cômica nos perseguiu junto com a herança que supostamente nos caberia: era uma herança furada, sem a menor serventia que não a prova da impossibilidade da mínima satisfação. *We can't get no satisfaction, dad.*

Caçula de três homens, meu pai teria começado a mostrar aptidão para ganhar dinheiro logo cedo e ajudado o irmão do meio, o tio Assumpto, a se formar em economia, o que para uma família descendente de imigrantes pobres era um feito, e o é até hoje. A imagem de um diminuto anel de formatura escrupulosamente colocado no dedo mindinho do meu tio me vem à mente sem que eu tenha certeza de tê-lo realmente visto. Ao contrário do irmão, com quem se mediu a vida toda, meu pai cursou contabilidade, que não exigia formação universitária — uma posição menos glamorosa e mais condizente com a origem familiar. Por que ele se ressentia com as conquistas do irmão é uma incógnita para mim. Pode ser que meu tio tivesse mais inclinação para os estudos, ou ainda, como meu pai gostava de insinuar e minha mãe corroborava, fosse o preferido dos três, sendo meu pai o filho enjeitado. É claro que a relação com o álcool, iniciada por volta dos quinze anos, quando trabalhava de madrugada na banca de peixe de parentes no Ceasa, não deve ter lhe dado grande prestígio na família. Tampouco saberei o que na dinâmica familiar pode ter contribuído para seu vício, que incluiu, durante um tempo, o jogo.

De qualquer forma, a diferença entre os dois seria motivo de infinitas queixas da parte de meu pai, que se sentia injustiçado, não perdendo a oportunidade de criticar esse irmão e sugerir que havia uma dívida moral entre ambos, a qual ele cobrava apontando defeitos ou aprontando nas empresas nas quais eram sócios. A maior queixa era de que meu tio era esnobe, desonesto e só pensava em dinheiro. Não acredito que meu pai tivesse inveja da riqueza em si, ele era bem desapegado do dinheiro, mas sim da permissão que meu tio se dava para ter coisas e usufruir delas. Com meu tio entendi que há pessoas que podem almejar, realizar e desfrutar, e que a vida não precisa ser uma melancolia sem fim. Ele se tornou o pai que eu queria ter tido, uma espécie de farol que só reconheci como tal na vida adulta.

Ambos eram meio caubóis, com faro para os negócios e apreço por jogadas arriscadas, no limite da licitude, mas meu tio era aquele que não queimava dinheiro, ao contrário, acumulava, e tentava ajudar meu pai sempre que podia. Alheia a esses bastidores e incapaz de julgar o que se passava entre os dois, o que eu sabia era que meu tio, diferentemente do meu pai, não me metia medo algum. Eu me sentia segura e querida ao lado dele. Foram muitas as oportunidades de convívio que tivemos quando eu era pequena, porque ele e minha tia costumavam nos levar em viagens para a praia nas férias. Nesses momentos, eu experimentava um tipo de família na qual não havia sobressaltos e as mulheres pareciam menos oprimidas do que minha mãe. Momentos que me marcaram e mostraram para onde eu queria me dirigir.

Não que eu soubesse disso na época, levou um tempo de análise para que eu recuperasse a importância desses personagens em minha vida. Aliás, eu não podia saber nada sobre nada. Essa era a tônica: não perguntar, não criticar, não demonstrar contrariedade, não opinar. Meu pai reinava absoluto, enquanto minha mãe se dedicava à tarefa impossível de evitar que algo o perturbasse. Ele era uma bomba sempre prestes a explodir. Bastava um fio de cabelo sobre a mesa de jantar, uma resposta pouco audível para uma pergunta. Me lembro de ele chegar em casa, nos ver e tirar do nada algo como "Vocês são uns merdas". Tínhamos entre dezesseis e sete anos de idade e estávamos sentados assistindo à TV, mas acho que ele estava se referindo à merda que era ter que estar ali, quando na verdade queria estar em outro lugar. Ou ainda à impossibilidade de estar em qualquer lugar sem se sentir dividido entre duas demandas impossíveis.

O velho Zaccharias, ou Jacaré, como chamávamos meu pai, gostava de deixar claro que não se pode confiar em ninguém, só na família, mas na família reduzida. Confiáveis mesmo éramos nós: meu pai, minha mãe, eu e meus irmãos. Tios, primos, cunhados de qualquer dos lados eram os de fora. Daí o sofá quentinho da cena familiar ser o suposto abrigo contra o pior. O velho era um tanto paranoico. Mas como não ser, quando se tem que esconder uma família da outra e ainda posar de respeitável? Ele corria o risco permanente de ser confrontado por levar uma vida dupla, por ser alcoólatra e por ser explosivo. Daí a necessidade de usar tudo e todos como bodes expiatórios.

Para manter a cena encoberta, a violência doméstica não podia ser nomeada. Toda violência vem de fora, o que se passa dentro é pelo bem dos filhos e da família. Sustentar essa retórica contra todas as evidências cobra um preço. Em alguns casos, o enlouquecimento.

VOLTO AO HOSPITAL e você está bem-disposta, comendo bem, precisa continuar os exercícios da fisioterapia, sem previsão de alta, aguardando a confirmação do *home care*. Minha irmã aproveita para tomar um café, falar com o médico, sei lá.
— Tudo bem, mãe? Como passou esses dias?
Você dá de ombros, como quem desiste antes de começar a responder. Precisaria de horas para contar todos os perrengues pelos quais passou. Mas começa a contar mesmo assim. No bingo, prestando atenção na bola cantada, a caneta caiu da mão sem que pudesse fechá-la, não conseguia articular a fala, a urgência desesperada de avisar que havia algo errado. O olhar petrificado tentando expressar a certeza da morte. Um pedido de socorro vindo do fundo da pupila dilatada. Minha irmã estranhou a demora em preencher a cartela, a bobeira com a caneta. "Você tem o número, estamos por duas!"
Quando ela cruzou seu olhar testemunhou o horror de quem está vendo o próprio fim. Uma fração de segundo para perceber que você estava vislumbrando a ceifadora. Que estava dando uma espiadela no impensável.
Em *2001: Uma odisseia no espaço*, enquanto desliga HAL 9000, o astronauta Bowman escuta a voz monocórdica do computador tentando demovê-lo da ideia. A máquina implora, negocia, sente medo e regride. Ouvimos o som da respiração do

piloto, vemos o seu suor sob o capacete, a falta de gravidade deixando a cena em câmera lenta, a luz vermelha tingindo tudo de urgência.

Na sequência do filme, intitulada *2010: O ano em que faremos contato*, o computador, também em processo de desligamento, pergunta se vai sonhar. A pergunta de 1 milhão de dólares, HAL. Minha mãe, no bingo, perguntava com seu terrível olhar: *Will I dream? Nobody knows it, dona Vera.*

MEU PAI LIA o jornal "de cabo a rabo" — ele gostava de dizer isso — e tinha uma biblioteca considerável, embora eu nunca tenha entendido sua relação com os livros. A coleção em capa dura de autores que ganharam o Nobel, os mais diversos títulos de um clube do livro famoso na época, uma das primeiras edições de *Asfalto selvagem*, de Nelson Rodrigues, e outros autores fundamentais, *A divina comédia* em edição bilíngue ilustrada, com capa de couro. Lembro do cheiro, da textura de alguns, e guardo outros comigo. Mas dado que o que se lia não era comentado entre nós — como se não houvesse nada para se compartilhar a partir das leituras —, eu chegava a crer que ninguém lesse. Um silêncio perturbador, que tornava a leitura uma espécie de mistério, feita na clandestinidade. Eu fuçava tudo e achava aqueles livros uma fonte inesgotável de contato com um mundo totalmente diferente do meu. Por vezes não acreditava que estava tendo acesso àquilo, como quando peguei um exemplar de *Meu tio Atahualpa*, de Paulo de Carvalho Neto. Eu devia ter uns treze anos e fiquei escandalizada, e muito excitada, com uma cena na qual um cachorro lambe a buceta de uma mulher. Não tinha ideia de que as pessoas faziam algo parecido com aquilo. Quando voltei para continuar a leitura, o livro tinha sumido. Fiquei sabendo que era impróprio para minha idade.

Foi essa censura que me revelou que os adultos liam, e eu a associei à cena do cachorro, reforçando a ideia de que haveria algo de sexualmente sorrateiro ligado ao ato de ler. O livro é uma crítica à colonização da América Latina, ao racismo, e tem uma personagem feminina forte, que mata a mulher que a precede — recatada e do lar —, numa clara alusão às conquistas feministas. Nunca saberei quais foram os reais critérios do censor, tampouco lembro quem me disse que aquilo não era leitura para mim. Se uma família — ou uma sociedade — quer se fechar sobre si mesma, leituras sempre serão um ponto nevrálgico.

Um dia, já no meio do meu curso de psicologia, sobre o qual eu não falava uma palavra com meu pai, ele me deu as obras completas de Freud.

O primeiro afeto que associei a meu pai foi o medo. O medo me acompanhou por toda a vida, a ponto de eu só me dar conta de sua existência quando ele começou a ceder. Sem análise, eu seguiria acreditando que frio na boca do estômago e respiração curta eram meus estados naturais. Eu brincava alegremente com meus irmãos até que meu pai chegasse em casa, aí eu me escondia. Só aparecia depois de me certificar de que ele estava manso. Às vezes eu pegava no sono assim que ele chegava. Adquiri uma capacidade de reconhecer seus humores diretamente proporcional à minha tentativa de esconder os meus. "Cara de pôquer" de um lado, tão útil como psicanalista, olhar de raio X de outro. Praticamente, a descrição dos superpoderes que nós precisávamos ter para lidar com os demônios do meu pai. Mas eu era apenas uma menina com fantasias escapistas, que vomitava quando ficava nervosa, com pouquíssimas chances de me safar do pior.

Nós éramos seis divididos em duas levas: os três mais velhos e, com um intervalo de sete anos, os três mais novos. Em seguida viriam mais dois na família paralela, marcando a disputa entre as mulheres do meu pai. Com a diferença de idade entre nós e as infinitas preocupações da minha mãe com a casa, o marido, a sogra sofrendo de Alzheimer no quarto dos fundos e dois cachorros, sobrou para os mais velhos cuidarem dos mais novos. Minha irmã, dez anos mais velha do que eu, me tomou como sua boneca e vivia comigo para cima e para baixo. Eu me lembro de aprender a andar de bicicleta com meu irmão mais velho, eu devia ter uns cinco anos. Guardo a sensação do momento de me equilibrar, enquanto ele corria a meu lado, obstinado com a missão de conseguir que eu aprendesse.

Entre os mais velhos havia brigas feias, e não raro eles apanhavam do pai, mas nós, mais novos, fomos poupados de surras. Assim se estabeleceu uma espécie de amortecedor entre meus pais e os três filhos menores, que não duraria para sempre, mas foi fundamental. O valor da fratria permaneceu indelével em mim, o que tornou ainda mais difícil a hora de me separar dos meus irmãos. Meus tios e primos também foram importantes.

Não raro meu pai nos esquecia na escola, e, morando a um quarteirão da casa do meu tio, seu eterno rival, era a família dele que vinha resgatar "os pequenos". Morávamos propositalmente longe do trabalho dele, só entendi depois, para que meu pai pudesse circular com sua outra mulher como se fosse a oficial, sem risco de minha mãe pegá-los no flagra. A vida da minha mãe, que nunca aprendeu a dirigir, se resumia a cuidar da casa. Se dependesse dela, a farsa nunca seria desmascarada, pois todos os seus passos eram atrelados aos do meu pai ou dos filhos mais velhos, cúmplices forçados do arranjo.

Isso dava uma vida dupla aos meninos, que não tardou a cobrar seu preço. De dia eles ajudavam na empresa da família, onde meu pai circulava com a secretária, a quem apresentava como esposa, portanto suposta mãe/madrasta deles — embora todo mundo soubesse que não era esse o caso. De noite encaravam a mãe e seu olhar angustiado de quem sabe tudo mas não tem coragem de admitir nem para si mesma. Eles voltavam para casa com o pai raivoso e embriagado, cientes de que no dia seguinte teriam que, junto com ele, sustentar a farsa novamente. Enquanto isso eu, que nem imaginava esse arranjo rodriguiano, sonhava em ser filha de uma pessoa normal, que não fosse violenta, nem bebesse, figura que eu projetava nesse tio interditado pela rivalidade imaginária de meu pai. Eu torcia para que meu pai nunca chegasse em casa, pois minha mãe vivia ressentida e sobrecarregada. Me lembro de sonhar com um tempo no qual cuidaríamos dela e a faríamos feliz. Um tempo no qual meu pai já teria morrido, um pensamento desconcertantemente precoce.

Hoje escrevo isso como se fosse a vida de outra pessoa, de um paciente por quem sinto compaixão e indiferença. A constatação de que se trata da descrição de uma merda de infância vem junto com a lembrança dos irmãos *accucciatos* no sofá, com a sopa de cappelletti que a mãe servia dizendo ser "o prato preferido da Verinha", com as piadas que meus irmãos adoravam contar, e que faziam meus pais rirem desbragadamente. Precisei ligar para minha filha mais velha, que está estudando na Itália, para que ela me ajudasse com a palavra *accucciato*. Palavra que escutei a infância toda como sinônimo de enroscados, abraçados, um termo carregado de afeto. Ela disse que é uma palavra pouco usada, antiga, mas que seus amigos nativos dizem significar agachado, no limite, amontoado. Aquilo que meu pai pôde receber e transmitir de sua própria ascendência italiana — afinal, seu pai veio da Itália adulto e deve ter penado para aprender o português — soa tão errático e incoerente como muitas vezes são as migrações disruptivas em condições ruins.

Aos dezessete eu sentia a necessidade de falar da dor, de contar tudo sobre minha família e minha experiência até então. Um bom analista teria se dedicado a sustentar as entrevistas iniciais, que são o período no qual não se sabe ainda se uma análise vai começar. Diferentemente de uma consulta médica, da qual se sai com a indicação do tratamento, o analista precisa avaliar se a demanda é de análise e se ele é a pessoa mais indicada a encampá-la. Além disso, é fundamental que nesse início o *analisante* se implique como parte fundamental da sua própria queixa, considerando o analista como detentor de um suposto saber para ajudá-lo.

Uma análise não vai dar um jeito no marido insuportável, na chefe assediadora, nem trazer de volta a alegria de um passado idílico. Tampouco vai fazer desaparecer um sintoma trabalhosamente construído. Análise não é Procon, e as queixas têm zero chance de serem atendidas. Por mais que isso seja óbvio, a dor da qual queremos nos livrar e a esperança de nos sentirmos reconhecidos em nossa queixa são o que nos move em direção às entrevistas iniciais. Portanto, o sofrimento tem uma função que não deve ser subestimada. Mas o paciente prefere acreditar que se trata exclusivamente de passar a régua no sintoma, livrando-se do incômodo que ele produz.

"Em análise poderei falar tudo, ali entenderão o que tenho que aguentar nesta vida, ali serei absolvida das acusações que me são feitas." Mas se tudo se resumisse a encontrar compreensão e alguns conselhos, quem melhor do que um amigo para fazê-lo? O analista, com certeza, não.

As entrevistas iniciais — sempre mais de uma, pois também se trata de avaliar os efeitos que cada entrevista tem sobre a seguinte — servem para tornar claro que o paciente só poderá ser tomado em análise na medida em que se colocar em questão. "Por que eu?" "Por que eu perdi um filho, um olho, um casamento, um emprego, anos da minha vida?" Não se trata de uma pergunta retórica.

As respostas que damos para as insondáveis causas dos acontecimentos em nossa vida são de nossa responsabilidade e nos orientam. É por isso que, é terrível, por mais que a sua vida tenha sido um show de horrores, o analista quer saber qual a sua parte nesse latifúndio.

Freud traz isso desde o começo de sua obra. "Qual a sua responsabilidade na desordem da qual você se queixa?" teria sido a célebre frase proferida por ele a uma de suas jovens pacientes, Dora. No caso dela, seu pai fazia vista grossa para as investidas do marido da sua amante sobre a adolescente, na esperança de livrar a própria barra. O tipo de barganha que os sintomas da moça vieram denunciar. Recapitulando: o pai de Dora tinha uma amante, cujo marido assediava Dora. Ele fingia não ver pois lhe convinha dar ao corno uma compensação: sua própria filha. O chifrado, por sua vez, tampouco se furtou à troca, exemplificando um ultrajante conchavo entre homens. Restava saber quais eram as questões dela perante esse arranjo obsceno. Freud estava certo ao procurar fazê-la entender que não há como ser parte da solução sem ter se reconhecido antes como parte do problema. Mas as interpretações apressadas e machistas do doutor o impediram de escutar as questões de Dora sobre a sexualidade e sobre a feminilidade que apareciam ali. Ainda assim, ao atribuir à vítima alguma margem de escolha diante da cena de abuso, nem que fosse a de fazer um sintoma, ele lhe restituía a dignidade de sujeito. Dora era vítima da trama perversa dos adultos, da incompreensão de Freud, mas não dos sintomas que havia produzido. E foram esses sintomas que a obrigaram a ser escutada e a se escutar. A jovem sofria de fadiga crônica, opressão no peito, tosse nervosa, dispneia e afonia, entre outros sintomas excruciantes. Apresentava um quadro depressivo e chegou a escrever uma carta na qual revelava pensamentos suicidas, que foi o que despertou a preocupação da família e a procura pela psicanálise. A carta de Dora, colocada dentro da garrafa, chegava a seu destino.

   Dora tinha a mesma idade que eu quando comecei minha análise, e, assim como eu, tampouco saiu satisfeita da experiência. Nesse período inicial das descobertas psicanalíticas, Freud aprendeu mais com seus erros do que com seus acertos. Período que associei em algum lugar à descoberta da radiação por Madame Curie: genial, potente e fadada a acidentes fatais. A direção do tratamento, no entanto, revela a aposta de Freud na atuação do sujeito. Não há análise onde não houver implicação do analisante em relação ao seu sintoma. Se o analisante não se reconhece como parte do seu sofrimento, a queixa então deve ser dirigida a um advogado, um médico, um professor... Não a um analista.

Nenhum acontecimento justifica uma análise. Perdeu um filho? Foi demitido? Sofreu um acidente? Foi abusado? Nada disso revela o que leva alguém a empreendê-la. A vida é repleta de desencontros e perdas que não explicam por si só por que resolvemos escutar nosso inconsciente. Não raro o paciente chega anos depois de ter enfrentado o pior sozinho, quando as coisas estão aparentemente em ordem e um fato anódino produz um sintoma. Não há análise sem um enigma formulado pelo analisante sobre ele mesmo.

Minha primeira análise se mostrou mal conduzida desde o início. Me lembro de chegar para uma sessão e encontrar minha analista com os olhos mareados, dizendo que não poderia me atender porque estava se divorciando. Eu me peguei tentando consolá-la diante do que ela me confidenciava, numa inversão completa do que se espera do espaço analítico. (Já cancelei sessões em períodos nos quais meu rosto estava tão deformado pelo choro que eu temia preocupar meus pacientes com minhas questões. Para cuidar delas eu tinha amigos, minha análise e supervisão, não precisava dos pacientes.) Quando eu me interrogava sobre feminilidade, do alto dos meus dezessete anos, ela me sugeria usar maquiagem e modelos de roupas que valorizassem minha silhueta. Eu estranhava, às vezes contestava, mas ainda não tinha parâmetros para identificar o que se passava ali: uma escuta focada na realidade concreta e não na realidade do inconsciente, como queria Freud. Uma escuta calcada no imaginário, diria Lacan.

Um dia, cheguei como de costume, e aguardei na sala de espera. Era uma época na qual se dava uma cópia das chaves do consultório para que o paciente entrasse sem tocar a campainha, pois os psicanalistas não costumam ter secretária. Era final de tarde, a sala foi ficando escura e nada de minha analista me chamar, embora eu a ouvisse batendo papo na sala ao lado. Por fim, cansei de esperar e fui perguntar se teríamos sessão. Sua reação foi de total espanto: ela não tinha me visto lá. Em vez de assumir o ato falho, ficou desconcertada. Atos falhos são embaraçosos, acontecem, mas temos que lidar com eles. Fizemos a sessão com esse bode pairando na sala, sem que se tocasse no assunto. Na sessão seguinte ela me comunicou que havia levado meu caso para supervisão e que estava claro para ela que eu tinha me escondido no banheiro, porque não havia outra explicação.

Foi como se ela tivesse atingido o último submarino no jogo de Batalha Naval: descambei num choro inconsolável. Foi a quebra total de confiança e a confirmação de que não existia um espaço seguro para mim ali. Minha analista não se abstinha de ocupar a sessão com suas próprias questões, sem qualquer reflexão, ou seja, sem analisar a transferência que se estabeleceu entre nós. Afinal, é isso que um analista faz: avalia o que recebe do paciente e o que transfere para ele, ou seja, em que lugar cada um coloca o outro, inconscientemente. Dito de outra forma, com quem o paciente e o analista supõem estar falando quando falam um com o outro? Cabe ao analista, ciente desse mecanismo, manejar o desencontro estrutural a favor da análise.

Tive bom senso suficiente para não voltar. Perdi a oportunidade, no entanto, de trabalhar o luto não realizado da morte do meu irmão e as questões que enfrentava no final da adolescência: a escolha da carreira, o início da vida sexual e como cada uma dessas coisas me afetava.

Eu tinha acabado de concluir o ensino médio numa escola de elite de São Paulo, na qual me dava razoavelmente bem com todo mundo, mas não namorava ninguém, o tipo *melhor amiga dos moleques*, alguém com quem eles podiam se abrir. Eu era a colega acessível, cabeça aberta e sem frescuras, mas não parecia ser uma opção amorosa. Um dia, porém, chegou um cara que, como eu, vinha de outra escola para cursar o ensino médio, só que a partir do segundo ano. Quer dizer, eu já estava há um ano me sentindo só e frustrada. Perto dos meus colegas de classe ele era um homem: fumava, dirigia, tinha um corpo inacreditavelmente musculoso, repetente, claro; um homem de dezoito anos.

Ele me convidou para acompanhá-lo à Bienal do Livro, adorava psicologia — se tornou psicólogo — e, para surpresa geral, me pediu em namoro. E é aí que se entende como funciona o jogo histérico: o menino que gosta de você não serve, não importa quão atraente e bacana ele seja; o menino com quem você encasqueta é uma nulidade que não se interessa por você. Insatisfação garantida, fruto da covardia de viver um relacionamento no qual existe o risco de se entregar, de se tornar vulnerável. Noves fora: sem risco, sem prazer.

Era uma época na qual a perda da virgindade feminina era um tema relevante, e eu, como feminista em formação, precisava resolver esse negócio. Mas os moleques eram muito inábeis e *o homem*, assustador. O tema, comovente e tolo, como são muitas questões adolescentes, precisava de um espaço para ser elaborado, e a minha analista tinha dicas de maquiagem e moda para me oferecer. Passados mais de quarenta anos ainda lamento esse mau encontro num momento crucial. Me lembro disso quando assumo psicanalistas em supervisão. Existem os erros de cálculo — não estamos livres deles —, existe a falta de talento e de conhecimento, e existem os erros de má-fé: cada um cobra seu preço. A minha primeira análise se encaixa no segundo caso.

A questão da escolha profissional era uma curva de rio, que me aproximava perigosamente do meu irmão falecido. Fomos à sua formatura póstuma, uma cena que lamento ter presenciado. Passadas as emocionadas homenagens que a turma fez para um colega morto precocemente, teve início uma comemoração ruidosa, própria das colações de grau, para a qual eu não estava preparada. Como se a classe, a faculdade e o mundo não pudessem ter se recuperado da morte dele. Quase não fui à minha própria formatura, assombrada pela ideia de viver o que ele não tinha podido. Não duvido que meu colega de escola, aquele que aos meus olhos parecia um homem-feito, tenha sido rejeitado também por me trazer a questão da psicologia, que me colocaria em xeque com minha própria questão. Sexo e morte, dois temas centrais da psicanálise.

A partir daí foi uma sucessão de namorados esquisitos, com sérias dificuldades de comunicação, que só tinham o mérito de me ocupar emocionalmente, ao custo de incrementar minhas carências e angústia. Eles eram um espelho das minhas dificuldades na época, aquilo que era possível para mim então. O sexo, que eu confundia com narrativas amorosas, era a medida de todas as coisas. Eu até acreditava que gostava desses caras e sofri por muitos deles, mas eu queria só desaparecer no meio das relações. Poderia ter usado drogas, mas, com o histórico do meu pai com o álcool, não desejava nada parecido com aquilo. Só consegui juntar o amor e o sexo em 1988, aos 23 anos, quando conheci meu primeiro marido, para quem desloquei uma voracidade afetiva impossível de ser satisfeita. Mas isso seria assunto da minha segunda análise, que iniciei aos 33 anos, depois de um longo tour por psicoterapias diversas. Nela, pude entender os passos que me levaram ao divórcio e aqueles que me trouxeram para um novo casamento.

Meu primeiro sintoma foi a dificuldade de aprender a ler. Todos da classe já tinham tido o *insight* da leitura enquanto eu permanecia empacada. Uma prima minha, que volta e meia nos resgatava no portão da escola, resolveu me ensinar na marra. Em português, quando se diz que não se pode, resta esclarecer se é questão de competência ou de permissão. Sem que minha prima percebesse, era permissão para entrar no mundo da leitura que ela me dava, enquanto insistia comigo na lição. A leitura é sempre leitura do mundo, abertura para o de fora, permissão para viajar, acessar outras pessoas, outros lugares e épocas. A mim, devia soar tão promissora quanto interditada. Uma espécie de traição ao ensimesmamento familiar.

Eu tinha adoração pelos livros lá de casa. Usava cartolina para refazer a capa de alguns mais deteriorados. Por mais tosco que ficasse o resultado, ninguém se opunha.

A troca de letras e palavras, a dificuldade em decorar textos mínimos, a necessidade de traduzir tudo com as minhas próprias palavras, a demora na leitura, todos são sintomas que apontariam para um quadro hoje rotulado de dislexia. Não se rifava diagnóstico a torto e a direito na época, o que era bom, mas tampouco se cuidava muito dos sintomas das crianças. Como a alfabetização só começava aos sete anos, tive certa margem de tempo sem nenhuma expectativa ou pressão, mas também contei com o acaso para resolver o problema.

Para desarmar a violência do meu pai, cada um se virava como podia. Primeiro o óbvio: ninguém se atrevia a contrariá-lo. Segundo: caso você caísse no radar dele e fosse alvo de sua violência, aprendia a congelar. Como alguém que se depara com um cão raivoso que escapou da coleira e paralisa na tentativa de aplacar sua ira. Não sei o que parava meu pai, mas dificilmente ele chegava às vias de fato. Com o tempo, o medo congelante de que o ataque escalonasse passou a coexistir com o olho faiscando de ódio por me sentir ofendida. O resultado era uma cara de fazer inveja a Fernanda Montenegro, com dezenas de informações contrastantes, os músculos do rosto mandando mil mensagens antagônicas de alta intensidade.

Anos depois, estudando Winnicott, me deparei com sua descrição da criança meteorologista, aquela que, diante da inconstância afetiva dos cuidadores, passa o tempo todo alerta às mudanças de humor deles. Vim a reconhecer esse olhar ocasionalmente nas minhas filhas, quando elas buscavam ativamente descobrir o que se passava comigo, diante de uma situação de estresse.

O "jogo de pôquer" com meu pai era sério e só foi rompido uma vez, quando eu era uma jovem adulta e falei mais alto que ele. Pela primeira vez ele levantou a mão para mim e eu avancei na sua direção. Meu irmão, o remanescente dos três filhos homens, entrou no meio para impedir que nos atracássemos. Mas não foi necessário. O horror que vi nos olhos dele, diante do fato de que eu seria capaz de revidar, foi suficiente para que seu gesto ficasse suspenso no ar. Uma filha tinha acabado de levantar a mão para ele, acusando-o de não merecer os filhos que tinha. Falei algo sobre a morte do meu irmão mais velho.

Hoje, ao escrever sobre isso, vejo que essa é, disparada, a cena mais devastadora com ele da qual me lembro. Ele tinha consciência do tipo de pai que era para os filhos, sua culpa saltava aos olhos. Mas, em vez de promover alguma reparação, promovia mais violência, num ciclo vicioso no qual causava sofrimento enquanto sofria. Psicanalistas veem esse mecanismo inúmeras vezes na clínica: quanto mais o sujeito sente culpa, mais ele cria situações nas quais é passível de ser culpabilizado. Como se fosse imperativo montar uma cena na qual a culpa inconsciente encontre uma justificativa na realidade para existir. Nada mais dostoievskiano. Mas ele tinha o bom gosto de não pedir que o perdoássemos, ao contrário do marido que espanca e traz flores no dia seguinte. Pelo menos tínhamos o direito inalienável de odiá-lo, ainda que sem deixar transparecer.

Talvez não, talvez o primeiro sintoma não tenha sido a leitura, mas os distúrbios do sono. Esses episódios fazem parte das anedotas familiares: no meio da noite, eu gritava, falava, batia, andava, chorava... Quando se tratava de terror noturno, não dava para dizer que acordava gritando, porque, de fato, eu não chegava a acordar. Tampouco adiantava me perguntarem o que eu havia sonhado. Nessa modalidade de parassonia não há lembrança de imagens, pois ela se dá na passagem entre uma etapa do sono e outra, por vezes fora da fase REM, na qual sonhamos. Esse era meu sintoma noturno mais recorrente. No dia seguinte, eu tinha que ouvir os comentários sobre o que tinha feito, ações que para mim não haviam deixado qualquer rastro. Em outras ocasiões, tinha uma espécie de suspeita de que talvez algo tivesse ocorrido, uma lembrança imprecisa, que os outros acabavam confirmando: "Você se sentou na cama e começou a gritar", "Você levantou e abriu a janela", "Você bateu no meu peito e me acordou" e assim por diante.

Algo caindo, uma sensação difusa representada em cores, uma forma geométrica sobre minha cama: tampouco era fácil nomear as imagens que se formavam quando se tratava de pesadelos. Aquilo que poderia ser indicativo de alguma doença (psíquica, neurológica, comportamental) entrou para as histórias familiares, e a oportunidade de olhar para o que não ia bem com meu pai, comigo e com dois irmãos — o mais velho e o mais novo —, todos notórios sonâmbulos, se perdia. A coisa era tão corriqueira que parecia um folclore familiar, motivo de graça. Como a vez em que o irmão mais próximo de mim em idade saiu do apartamento que tínhamos na praia, desceu alguns andares e seguiu uma família que chegava de viagem e entrava num outro apartamento no mesmo prédio. Quem já estava na casa do vizinho entendeu que meu irmão fazia parte do grupo que chegava; as visitas, por sua vez, acharam que ele já estava lá. Até que perceberam o pijaminha do moleque e o olhar vidrado. Devolveram meu irmão para o nosso apartamento, depois de lhe perguntarem onde era, e pediram que trancasse a porta. No dia seguinte, bateram em casa para saber se ele estava bem, e meus pais demoraram para entender do que estavam falando.

A etiologia dos distúrbios do sono é vasta, o que faz dela algo um tanto impreciso, e suas manifestações são variadas: terrores noturnos, sonambulismo, solilóquio, pesadelos recorrentes, paralisia do sono. Da ingestão de álcool ao estresse, passando por questões neurológicas, genéticas e comportamentais, muitas são as possibilidades e os tratamentos decorrentes. Não descarto nenhum desses fatores no meu caso, mas acrescentaria a identificação que se estabelecia entre "os sonâmbulos da família", irmanados em histórias engraçadas, mas por vezes tragicômicas, como quando meu pai se recuperava de uma cirurgia. Ele havia desmaiado no meio da rua e fora levado às pressas para o hospital em função de uma úlcera perfurada. Meu tio Francisco — seu irmão mais velho e mais querido — lhe serviu de acompanhante. A única recomendação era que o paciente não ingerisse nada. Era noite e, enquanto o acompanhante dormia, meu pai sonambulou e bebeu, não um copo, mas uma garrafa de água. De lá, voltou imediatamente para a mesa de cirurgia. A imensa cicatriz sobre seu abdômen, marca desse episódio indigesto da parassonia familiar, recebeu inúmeras versões ao longo da minha infância. Do enfrentamento de bandidos à ferida nos campos de batalha de uma guerra fictícia, muitas histórias foram inventadas sobre essa marca, e eu as escutava com os olhos arregalados.

Meu sonambulismo também faz elo com outro personagem da linhagem masculina na qual resolvi me infiltrar: reza a lenda que meu avô paterno abria a janela do sobradinho e cantava ópera em altos brados sob o olhar atônito do guarda noturno, que sempre o aplaudia ao final. Levei esse sintoma comigo por toda a vida, para espanto e graça de filhas, amigos e amantes, a quem acordo de sobressalto achando que algo terrível está acontecendo. Para o inconsciente, que se pauta por uma outra cena, de fato está.

Para Freud, o sintoma é a forma que encontramos de equalizar nosso conflito estrutural. É o resultado da luta entre o desejo inconsciente e as aspirações morais que nos guiam. Assim, o sujeito, no sentido psicanalítico do termo, se encontra dividido, o que revela que temos um outro de nós mesmos que aparece nas formações do inconsciente. Os casos que o inventor da psicanálise descreve em *Estudos sobre a histeria* são lindos exemplos, quase ingênuos, dessa luta que se trava no inconsciente diante do inconciliável. É assim com Frau Elizabeth, que, diante do caixão da irmã amada, tem um vislumbre do desejo de ficar com o cunhado, por quem se sentia atraída. A perda irreparável da irmã, associada à cara de pau de cobiçar o marido dela em pleno velório, desemboca numa paralisia das pernas de Elizabeth, sem causa orgânica justificável. Pode-se ler esse caso, e outros de Freud, como verdadeiros romances de época. Ao final do tratamento, também interrompido abruptamente, o analista não se furta a espiar a jovem Elizabeth dançando num baile da alta sociedade de Viena; a eliminação do sintoma incapacitante fora, de todo modo, um sucesso. Se não dá para chamar de uma análise de sucesso, como a pensamos hoje, na qual a paciente consegue formular sua relação com o desejo — seu e do outro — de forma radical, pode-se dizer que foi um tremendo exemplo da tese freudiana de que o desejo inconsciente cava um lugar de expressão num sintoma no corpo e de que a escuta analítica é capaz de revertê-lo.

Perdemos uma parte de nossa liberdade pelos entraves que o sintoma impõe, ao mesmo tempo que ganhamos o prazer inconfesso que ele nos proporciona. A paralisia de Elizabeth causava terrível sofrimento, mas também era um monumento erigido em seu próprio corpo ao tesão pelo cunhado.

Freud interpretou que ela não podia se movimentar para não dar um passo em direção a esse amor proibido, para não dar um passo em falso. Intepretação provavelmente verdadeira, mas com péssimo *timing*, que lhe custou a sequência do tratamento e funcionou como um coelho tirado da cartola, digamos. Freud chegou a interceder junto à mãe da paciente para que ela considerasse a aproximação entre os pombinhos. Lembremos que se trata aqui dos primórdios da psicanálise, momento no qual os efeitos do inconsciente ainda não eram inteiramente conhecidos, e não raro se metiam os pés pelas mãos em nome do bem do paciente. O problema é que, mesmo advertidos, vemos isso acontecer hoje, nas análises mal conduzidas e nas terapias que prometem eliminar a tragicidade intrínseca à existência humana.

Para Freud, o sintoma é uma formação de compromisso que se dá como resposta ao conflito entre o desejo e a interdição. Mas não deixamos de gozar com nossos sintomas, mesmo os mais excruciantes. Assim, um paciente que chega reclamando de uma depressão que mesmo medicada persiste pode reconhecer nas entrevistas iniciais que sem esse sintoma limitante talvez nunca se perguntasse sobre os rumos de uma vida insatisfatória. Por vezes, esse sintoma é a única oportunidade que o sujeito se deu para se escutar, uma vez que as depressões estão entre os sintomas socialmente reconhecíveis e legitimados. A queda de produtividade faz da depressão uma das queixas mais urgentes, pois seus sintomas afetam o desempenho profissional, tão caro à nossa sociedade. Nesse sentido, curar a depressão tem sido um dos resultados mais almejados e legitimados socialmente. A psicanálise, no entanto, não responde bem a essa demanda por adaptação a uma vida insatisfatória. Ela transforma a queixa numa questão, levando o analisante a repensar sua existência, a repensar o sentido e a função do seu sintoma.

Freud chama o sintoma de substituto sexual do neurótico. Os tormentos que nos afligem estão presos pelos fios do nosso desejo de permanecer em alguma posição inconscientemente vantajosa. Ganha-se de um lado, perde-se de outro. Só o paciente poderá saber o que fazer com essa contabilidade. O sintoma surge quando a conta não fecha.

Por mais anacrônico que seja o desejo de ser o/a filhinho/a querido/a da mamãe ou do papai, essa fantasia pode alimentar, por exemplo, décadas de uma enigmática tendência a se infantilizar diante da vida. A descoberta de que se trata apenas do desejo de ser reconhecido como o bom filho causa constrangimento, mas também ganho de liberdade. Ao final, a pessoa ainda pode dobrar a aposta no seu desejo de sustentar tal imagem, mas dessa vez o fará do lugar de quem escolhe conscientemente, e não no de quem desconhece a própria participação no sintoma. Não raro, ao reconhecer essa dinâmica, o paciente chega à sessão seguinte contando que se surpreendeu ao assumir um lugar assertivo entre os adultos. Só aí entendemos que algo de analítico agiu, no só-depois — no *aprés-coup*, como ficou consagrado — da sessão. A satisfação, que para a psicanálise é sempre da ordem do sexual, mantém o sintoma até que o cálculo entre o sofrimento e o prazer perca seu frágil equilíbrio. Ao tentar desvendar as causas de um sintoma, estamos na verdade tentando nomear uma fantasia sobre quem somos, a ponto de, ao *final de análise*, termos que nos haver com a fantasia primordial que nos engendrou.

VENHO DE UMA FAMÍLIA de descendentes de italianos que migraram para o Brasil no começo do século xx, fugindo da fome na Europa e usurpando a vez dos negros recém-libertos, aos quais a sociedade brasileira não queria oferecer um lugar à mesa após a abolição da escravidão. Chegaram pobres e explorados, os italianos, mas eram brancos, o que lhes permitiu se juntarem, já na geração seguinte, aos brancos quatrocentões que por aqui reinavam.

Minha família não quis saber nada da sua ascendência. Como muitos imigrantes, meus ancestrais não transmitiram a língua de seu país de origem nem contaram detalhes de sua história para a descendência, tampouco guardaram documentos que pudessem lhes dar alguma pista. Só posso deduzir que vieram para esquecer, para começar do zero, como se o passado fosse duro demais para ser mencionado, não havendo nele motivo de orgulho. Dizer-se italiano soava como negação do fato de que da Itália só ficaram as comidas, um punhado de palavrões, a prosódia caricata e alguns hábitos que apenas uma viagem para o Velho Continente foram capazes de revelar para mim. Dos meus pais nunca houve menção a visitar a Itália, e não raro meu pai usava o termo pejorativo *carcamano* para se referir aos que tinham a mesma origem de seu pai e seus avós.

Nem com os sites de hoje capazes de reconstruir árvores genealógicas até Adão e Eva consegui juntar algo da minha ascendência que ultrapassasse meus bisavós — e, ainda assim, de forma incompleta. Nas oportunidades que tive de visitar a terra de meus antepassados, não encontrei nada que me deixasse especialmente emocionada, embora reconhecesse a aparência, os sons, os sabores e os comportamentos que embalaram minha infância. Quando resolvi reivindicar a cidadania italiana, ponderei se recuperaria algo da história não dita da família, algum tipo de revelação. Mas me vi apenas com um documento pragmático, cujo sentido era atravessar algumas fronteiras com tranquilidade caso uma reviravolta neofascista assolasse novamente o país e eu tivesse que pedir abrigo. Inverteria a lógica dos meus antepassados, que, me autorizo a inventar, podem ter fugido de contendas políticas.

Esses eventos obscuros me remetem à humilhação que pairava sobre meu pai e à sua impossibilidade de reter suas conquistas. A mesma origem, no entanto, não impediu que seu irmão Assumpto se tornasse um homem rico e ostentasse isso. Meu tio adorava viajar para a Europa e cultivar todos os signos de status que lhe permitissem circular na comunidade italiana com desenvoltura. Entre eles, matricular os filhos no Dante Alighieri, um dos colégios mais caros de São Paulo, no qual aprender o italiano era obrigatório.

Foi ali que, por um capricho inexplicável, eu e meus dois irmãos próximos em idade começamos a vida escolar. Por ingerência desse tio, passamos a existir entre dois mundos: o dos imigrantes envergonhados e o dos orgulhosos. As experiências vividas dentro de casa e a que tínhamos na escola eram tão inconciliáveis que só me restava produzir algum sintoma: não raro, eu vomitava assim que entrava no carro para ir ao colégio. A separação entre os dois universos aparecia também em situações como, às vezes, eu me dar conta de que a professora se referia a algum assunto do qual todos estavam cientes e que para mim havia surgido do nada, como quem entra em uma conversa já iniciada ou acorda no meio de um sono profundo.

FAÇO UM ESFORÇO CONSIDERÁVEL para buscar lembranças específicas com minha mãe anteriores à primeira menstruação, mas não as encontro. Até então ela era onipresente, sua existência era maciça, total, eu não tinha dúvida de que ela estava lá, cuidando de tudo o tempo todo, mas não consigo recordar como se relacionava comigo ou com meus irmãos. Sendo eu mãe de duas jovens adultas, essa falta de lembrança me entristece profundamente, pois sei a incrível dedicação que os filhos exigem e não tenho dúvidas de que, para a minha mãe, com seis filhos e um marido à moda antiga, acabamos por ocupar toda a sua vida. Mas não me lembro das nossas interações, e, quando penso em minhas filhas, sinto tristeza em imaginar que toda a trabalheira, diversão, ternura, aborrecimento, brigas e pazes tenham se perdido para elas também, enquanto são imagens relativamente frescas para mim. É uma relação tão desigual, tão injusta com quem cuida, mas também o será para quem foi cuidado e vier a ter filhos, e assim sucessivamente, de forma que as coisas se equivalem e a questão da justiça não se aplica.

Do meu pai lembro um pouco mais, talvez porque a violência rompa a camada protetora que chamamos de infância e eu não tenha como esquecer o medo e o espanto que ele me causava. Eu tendo a imaginar que o cuidado se reproduz sem que tenhamos de nos dar conta disso, enquanto o medo nos deixa alertas e com marcas mais difíceis de esquecer. Uma outra interpretação é que a onipresença da minha mãe e a sobrecarga desumana a que era submetida — de demandas e preocupações — desembocavam numa forma de ausência afetiva. Anos depois, em análise, amargurada com a morte de meu segundo irmão, eu apelidaria minha mãe de *papel de parede*. Talvez por vergonha de assumir minha crueldade eu tenha de lá para cá tentado esquecer desse detalhe.

Meu pai era essa figura que, como muitos homens alavancados por certo modelo de virilidade bem popular em nossa época, se mantinha no lugar de fiador da família, enquanto mal dava conta de seus demônios particulares. É claro que não lhe faltavam méritos e que tudo o que ele conquistou vindo de onde veio é notório. O problema é o quanto ele se arvorava o direito sobre a vida alheia — no caso, nós. Os autoritários, de quem tanto nos queixamos, são figuras frágeis em torno das quais outros orbitam siderados. Afinal, não há ponto de maior fragilidade numa pessoa do que sua insistência em negar os próprios limites, o que a psicanálise chama de negar a *castração*. Os sintomas não demoram a aparecer, convocando o sujeito a se haver com um limite, por bem ou por mal. A impostura é marca dos que pretendem sustentar o insustentável.

Quando a traição do meu pai se tornou impossível de ser negada e seus dois outros filhos cresciam parecidos com os demais, ele não se furtou a afirmar que a secretária dava para todo mundo e que os filhos poderiam ser de um sobrinho ou mesmo do meu irmão mais velho, ambos adolescentes na época. Eu gosto das séries nas quais, sob o pretexto de proteger a família, os personagens cometem atrocidades: *Os Sopranos*, *Succession*, *Ozark* e *Breaking Bad* são as quatro que me vêm à cabeça de imediato, mas, entre livros, peças e filmes, a lista é infindável. Não duvido que meu pai usasse do mesmo subterfúgio para justificar para si mesmo ter jogado o nome de sua outra mulher na lama e renegado os filhos que teve com ela, insinuando que eram de outros homens, com vistas a fazer um bem maior em nome da família oficial. Haja álcool para amortecer essa consciência e continuar transitando de uma cama a outra como se nada houvesse.

Do outro lado, e não menos importantes, estão aqueles que orbitam em volta dessas figuras autoritárias por medo de bancar as consequências de seu próprio desejo. Minha mãe, assim como eu quarenta anos depois, foi criada para acreditar que sem um homem sua vida seria um fracasso e ela estaria em permanente risco.

Meu pai era apenas um tirano familiar, sem a crueldade de um Tony Soprano, apenas um homem de sua época tentando equilibrar matriz e filial, enquanto educava meninos e meninas pela cartilha dos anos 1940, driblava uma depressão — que poderia ter lhe servido de motor para parar tudo e refletir um pouco, mas foi "tratada" à base de álcool — e recorria à violência sempre que se sentia acuado. Diagnóstico enviesado feito — nunca fui sua analista —, resta saber o que nos levava a permanecer suas vítimas, cúmplices de seus desmandos.

Os motivos são sempre insondáveis, dado terem que ser respondidos por cada um e a partir dos rastros deixados pelo inconsciente. Lembremos que para Lacan o inconsciente não é um tesouro a ser descoberto e desvendado, mas apenas seus rastros.

Meus pais foram as grandes fontes identificatórias para mim e meus irmãos, mas cada um de nós viveu isso de forma diferente. Como na história dos cegos que descrevem um elefante a partir de suas próprias impressões: o que tocou a orelha acha que ele é fino e largo, o que tocou a tromba acha que é grosso e articulado, outro acha que ele tem a forma de um imenso barril e assim por diante.

Estávamos todos lá, orbitando meu pai, aceitando suas injustiças e sua autoridade mesmo quando já éramos suficientemente adultos para pular fora. Buscávamos sua aprovação, seu amor — que existia, claro, mas impunha condições que o tornavam amargo e ressentido. Lembro-me de uma cena emblemática de *Abril despedaçado*, na qual o personagem de Rodrigo Santoro vê o gado empurrar o moinho mesmo sem o comando do homem, por hábito. Nosso hábito foi cultivado pelo medo de um mundo que nos era apresentado como cruel, o que de fato é, mas faltando ter sido dito que dentro de casa ele não o era menos. Talvez fora, a depender daqueles de quem nos cercássemos, fosse bem melhor.

Contra todas as minhas expectativas, meu amor pelo meu pai não arrefeceu. O ódio, por outro lado, foi dando lugar à triste constatação de que ele não conseguia ser melhor do que aquilo e de que pagava o preço de levar uma vida de merda por conta disso. Se eu tivesse ficado presa à família — aos negócios, aos valores —, como meu pai sugeria, os afetos seriam outros e a ambiguidade, intolerável.

Minha mãe orbitou meu pai como quem se segura num isopor em alto-mar. Mas ela se revelou capaz de seguir vivendo até melhor sem ele. Reorganizou-se na ausência dele, e priorizando suas necessidades. Não me esqueço de ouvi-la dizer que se orgulhava de ter uma saúde melhor do que a dos filhos. Frase enigmática para quem havia perdido dois, mas que revelava sua aposta num corpo incrivelmente forte. Sem saber quem haviam sido seus pais, com essa afirmação ela apostava que tinha recebido deles algo de bom. Algo que talvez não considerasse capaz de transmitir aos filhos. Foi aí que entendi que minha mãe, ao contrário do meu pai — que tinha um traço meio suicida —, era uma sobrevivente por excelência.

Minha mãe nasceu em uma maternidade de São Paulo, em 1927. Seus pais biológicos, ou talvez apenas sua mãe, nunca saberemos, a entregaram para uma senhora amiga do médico, que se tornou sua mãe. Essa mulher que a criou, minha avó, não conseguia engravidar, ou manter a gravidez, não sei. Ela entrou no hospital infértil e saiu com minha mãe nos braços. Ela e meu avô.

Foi o que minha mãe me contou, quando perguntei por que nossos olhos eram verdes, o meu e o dela, se o vovô tinha olhos azuis e a vovó castanhos. Eu tinha falado sobre isso com o meu professor, mas ele dizia que não era possível, e que azul, além de ser recessivo, não era verde. Então, como? Minha mãe explicou que era uma "enjeitada", dada na maternidade, na famosa "adoção à brasileira". Sem papel, em segredo, sem pistas para que um dia ela pudesse rastrear a história, que foi virando lenda: casal de alemães grávido de gêmeos decide ficar com o menino e deixar a menina na maternidade sob os cuidados de uma mulher, amiga do médico, com dificuldade de manter a gravidez. O paradeiro do casal é desde então desconhecido. "Adoção à brasileira" é crime, uma mentira jurídica. Ela foi registrada com o nome de Vera, verdade.

Em uma conversa com ela, num desses momentos nos quais minha vida de menina era interrompida pelo seu mundo adulto, eu também quis saber por que no seu RG ela tinha um sobrenome que eu desconhecia. Por que não carregava o nome dos pais adotivos, e por que nós também não tínhamos o sobrenome deles?

Ela me contou que, depois de a levarem para casa, meus avós mudaram de bairro, para não terem que responder a perguntas de vizinhos curiosos e revelar o segredo da sua origem. Daí que Maria e Gregório, seus pais adotivos, que na minha fantasia foram muito apaixonados, tiveram finalmente um filho, meu tio Nelson. Um dia, o irmãozinho, filho biológico de Gregório e Maria, escutou uma conversa entre adultos na qual alguém disse que ela não era filha de sangue do casal e sim "enjeitada". E foi aí que minha mãe soube da adoção, marca indelével na sua história, de uma suposta origem vexatória. Interessante que usei o mesmo adjetivo para falar do lugar do meu pai na família dele: "enjeitado".

Ocorre que meu avô, Gregório Recco, era um jogador inveterado, que perdia tudo de tempos em tempos, deixando minha avó Maria numa situação difícil. Então, ela teria feito o impensável na década de 1930: largar esse primeiro marido e ir embora com a filha e o filho para a casa da mãe. O mais provável é que Gregório tenha abandonado a esposa com duas crianças pequenas, dado o histórico dos homens.

Minha mãe me contou que muito tempo depois, quando ela já tinha doze anos, ele apareceu na porta da escola onde ela estudava, dizendo que voltaria com um anel. Mas ele nunca mais voltou. Não consigo imaginá-la aguardando esse anel toda vez que as aulas acabavam. Que belo filho da puta, esse Gregório.

Passado um tempo, Maria soube que o vizinho da frente, o sr. Aurélio Bruno, de olhos azuis, pele bem clara e sobrenome de origem russa, que adorava ópera e artes plásticas, tinha ficado viúvo. Ele queria ser pintor, mas trabalhava como engenheiro desenhando projetos importantes do período varguista. Para se casar com meu avô Bruno, eles deveriam supor que Gregório não voltaria acusando-a de tê-lo abandonado, nem de bigamia.

Enquanto minha avó e meu avô Bruno estiveram vivos, nunca se falava desse primeiro marido na nossa frente. Bruno, um avô queridíssimo, substituiu Gregório e, a partir daí, é como se o primeiro pai adotivo nunca tivesse existido. Mas não consigo deixar de romancear esse homem que a abandonou. Desconfio que ele era exatinho como meu pai, outro filho da puta a quem amávamos, mas que nunca nos abandonou. Ponto para o meu pai, talvez um ponto crucial que fez minha mãe amá-lo tanto e até o final. Mesmo com a paixão por outra mulher, seu marido ficou. Difícil avaliar onde acaba o amor e começa a covardia.

Quando se casou, minha mãe resolveu apagar mais uma vez o Gregório de sua vida, eliminando o sobrenome dele. Ficou apenas com seu prenome e o sobrenome do marido, que por sua vez já não portava o sobrenome de sua mãe. Os filhos seguiram a toada, carregando somente o sobrenome paterno. Nada de nomes compostos ou sobrenomes maternos. Minha mãe, com seu nome reduzido — similiar aos dos filhos —, me fez homônima. Mesmo que fossem tão comuns

Veras Marias e Veras Lúcias, o nome que eles escolheram para mim é idêntico ao dela depois de casada.

Esse nome, no caso dela, guarda dois segredos: a adoção à brasileira, de genitores desconhecidos, e o abandono de Gregório, o pai adotivo. É um nome que dá testemunho de como quem a pariu a entregou e de como seu pai adotivo a abandonou.

A versão da história que minha mãe conta tem passagens cuja beleza só consegui recuperar escrevendo. Ela diz que seu pai biológico teria obrigado a esposa a entregá-la e a ficar só com o menino, seu suposto gêmeo. Diz também que seu pai adotivo, Gregório, não cuidou da família e que minha avó, então, partiu para a luta.

Essa versão poupa as mães, e isso me comove.

Maria foi morar com Bruno, que por sua vez morava com o pai doente e a irmã incapaz, não havendo, nesse arranjo, espaço para os filhos pequenos dela. Durante o tempo que o velho viveu, minha mãe e meu tio Nelson ficaram ao encargo da minha bisavó, que morava bem perto da casa de Bruno. Recapitulando, para que eu não me perca aqui: minha mãe foi entregue, em segredo, na maternidade aos meus avós, ganhou um irmãozinho, foi abandonada pelo pai adotivo, foi separada da mãe adotiva e passou a ser cuidada pela avó (Elisa, que, detalhe, era extremamente violenta). Quantas vezes o raio cai sobre a mesma cabeça?

Já meu pai era um tipo entre o arrojado, o porra-louca e o suicida, ou seja, tinha um quê de irresistível. Sobretudo para uma mulher tímida e socialmente acuada como minha mãe. Acuada pelo gênero, pela origem obscura, por ser pobre e pelos anos 1950. O encontro deles foi descrito como sendo o encontro entre um pé de valsa atlético e desenvolto e uma moça bonita, magrela e tímida, e aconteceu no baile do clube. A beleza do meu pai era aquela em geral permitida aos homens, sem vir acompanhada, necessariamente, de traços bonitos. Ele era mais um "tipão" da época. O físico atlético fazia parte do que se entendia por atlético na década de 1950, sem a obsessão por músculos definidos como hoje. Já minha mãe era bonita: tinha olhos verdes e grandes, cabelos finos e lisos e uma bela silhueta, ainda que fosse considerada magra demais para o ideal de beleza que Sophia Loren e Marilyn Monroe inspiravam.

Sua aparente fragilidade fez com que meu pai se colocasse rapidamente como aquele que a salvaria da humilhação de ter sido abandonada pela mãe biológica e pelo pai adotivo. Também não era nada fácil ser filha de uma mulher separada — numa época em que o desquite não era sequer uma possibilidade — e "amigada" com outro. Meu pai logo deixou claro que os antecedentes da minha mãe não tinham importância para ele, gesto pelo qual ela lhe foi eternamente grata. O fato de ser o filho mais novo, pouco prestigiado pelos pais e ter uma relação com o álcool desde os quinze anos fazia com que meu pai completasse o casal de enjeitados, que encontraram paz na companhia um do outro, pelo menos no começo.

Minha mãe vivia em função do marido e dos filhos de uma forma que amizades e ocupações no espaço público eram impensáveis. Sua vida se restringia ao ambiente doméstico, a ponto de eu estranhar as outras mães que dirigiam, saíam com as amigas, se dedicavam a algum hobby, ou mesmo as que fumavam! O lazer era limitadíssimo, resumindo-se a sair para almoçar com a família — ocasiões nas quais meu pai tinha o mau hábito de dar vexame — ou a viagens para o apartamento de praia, onde ela fazia mais do mesmo, mas sem a ajuda de funcionárias. As férias na praia eram a oportunidade perfeita para que meu pai, que passava a semana trabalhando em São Paulo, vivesse com mais liberdade sua outra relação. Não devia ser nada fácil para minha mãe, tampouco grande consolo para a outra, que via os filhos serem criados à margem dos meios-irmãos. A chegada do meu pai nas noites de sexta era sempre disruptiva, imprevisível. Os momentos de diversão em família existiam e podiam ser memoráveis, mas nunca estavam livres de alguma tensão, do risco de tudo acabar em grito dele e choro nosso.

Escrevendo sobre o casamento dos meus pais me dou conta de que ele soa como um cárcere privado, no qual um pode tudo e outro, quase nada. E talvez fosse mesmo assim, ainda que tivesse a aquiescência dela, pela forma como ela entendia seu papel no mundo. Tampouco meu pai conseguia resolver a equação família 1 e família 2, vivendo entre mundos inconciliáveis, aprisionado em um modelo de casamento que moía as aspirações individuais.

As queixas expressas pela minha mãe se resumiam a não ir ao cinema nunca, não sair para jantar, basicamente, não ter lazer, não ter junto a meu pai uma vida social. Mas sua maior preocupação era não perder o marido para um divórcio.

É fácil afirmar que a condição da minha mãe respondia apenas às pressões de sua época, mas isso seria ignorar como o ideal de família hegemônico corrói a satisfação pessoal e sexual ainda hoje. A clínica está repleta de pessoas na casa dos trinta, quarenta anos que vêm para a análise se queixando de uma vida erótica pífia ou inexistente, mas que não estão dispostas a renunciar a todas as coisas que um casamento tradicional oferece. Salvar amor e sexo quando o casamento reduziu o casal a gestor de uma pequena empresa com filhos e patrimônio é tão provável quanto o sucesso dos planos de Cascão e Cebolinha para roubar o coelho da Mônica. Missão impossível que desemboca em insatisfação e violência doméstica.

Com o tempo, os filhos se emancipam e saem do radar, deixando os pais diante do envelhecimento e da sensação de terem desperdiçado a vida em nome da segurança ou de status. Quanto ao patrimônio, dizem que dinheiro compra até amor verdadeiro. Eu não pago para ver, prefiro amor e sexo mesmo.

Minha mãe tinha se tornado aquilo que Freud preconizava para os casamentos bem-sucedidos. Para o criador da psicanálise, "um casamento não se torna seguro enquanto a esposa não conseguir tornar o marido também seu filho, e agir com relação a ele como mãe", frase publicada apenas dois anos antes do nascimento do meu pai e quatro anos antes do nascimento da minha mãe. Como as feministas — sejam psicanalistas ou não — apontam desde então, a proposta freudiana é flagrantemente incestuosa, levando os maridos, após cumpridas suas obrigações reprodutivas, a saírem em busca de satisfação com outras mulheres que não suas esposas-mães. Estas devem se contentar com a satisfação de criar os filhos e se resignar à abstinência sexual.

Dupla moral burguesa que Freud denunciou em *Moral sexual civilizada e doença nervosa moderna*, de 1908, no qual revela o paradoxo com o qual se debatia, ora denunciando o arranjo que colocava as mulheres diante de demandas contraditórias e injustiças, ora corroborando essas demandas. Não podemos esquecer que ele era casado e tinha um arranjo bem convencional com a mãe de seus seis filhos. Para Freud, diferentemente de Lacan, que viveu a revolução dos costumes dos anos 1960-70, uma mulher é mais mãe do que mulher, e, portanto, o cuidado maternal — dos filhos, dos alunos, dos pacientes, dos familiares, do marido — compensaria grande parte da sexualidade feminina.

O que se escuta repetidamente na clínica, no entanto, é o choro e o ranger de dentes dos casais, e não apenas cis e heterossexuais. Cuidar, ser cuidado, o lugar de cada um no jogo sexual, embora comece com as expectativas convencionadas entre os gêneros, nunca se restringiu a elas.

Não duvido que, diante da ideologia que imputa à mulher ser mais mãe do que sujeito, e diante das limitações impostas pela época, Freud tenha preferido acreditar que o discurso hegemônico representasse a natureza das coisas. Afinal, a promessa não era de felicidade, mas de segurança — "um casamento não se torna seguro enquanto..." —, e ser uma mulher liberada nos anos 1920 não era sinônimo de segurança. Não seria a primeira vez que Freud interpretaria um fenômeno cultural como sendo a estrutura mesma do psiquismo humano.

A COMOÇÃO É GRANDE demais para que se contenham as crianças, então aproveito para subir as escadas e ver o que está acontecendo. Vou seguindo a gritaria e ela vem do meu quarto, que divido com minha irmã mais velha.

Alcanço a porta, que está aberta, e tento espiar entre as pernas dos adultos de onde vêm o choro e os palavrões de meu pai. Ele xinga Deus aos prantos, se agarra à janela como se fosse se atirar. Não lembro quem estava à minha volta, mas provavelmente eram meus irmãos. Dentro do quarto, meu pai, meu tio Assumpto e minha mãe. Os dois repetem, consternados com a cena:

— Zaccharias, calma. Calma, Zaccharias.

Acabou de chegar a notícia da morte do meu tio Francisco. Irmão mais velho do meu pai. Um tio de quem eu tinha aflição, por vê-lo fazer com meus irmãos mais velhos umas brincadeiras sem graça, que me deixavam com medo dele. Como quando ele pedia para pegarem graviola com bastante força para não deixar cair e os espinhos da casca entravam na pele dos incautos. Eu era pequena demais para ser vítima das suas brincadeiras infames.

Eu vejo meu pai dilacerado pela dor, mas também vejo meu tio Assumpto, triste e sóbrio, tentando apaziguar o irmão mais novo, que, mais uma vez, está a ponto de explodir. Dessa vez foi de tristeza, mas poderia ser de raiva, de alegria, de medo…

Lembrando desse dia, me dou conta de que não foi compaixão que senti por meu pai, mas um prazer inconfesso em vê-lo sofrer. Penso em quão patética era sua ameaça de se jogar do segundo andar de um sobradinho minúsculo e sair mancando e humilhado, mas dificilmente morto. Ali estavam ele e meu tio diante da perda do irmão mais velho, diante da mesma perda, mas todos tinham que parar para consolar meu pai, como se a dor fosse só dele.

Aos seis anos, eu era o transeunte que, vendo alguém ameaçar se jogar do prédio, grita: "Pula, seu filho da puta!". Ele ali chorando, da mesma forma como nos fazia chorar. Beth Carvalho ainda não tinha imortalizado o prazer de ver chorar quem só lhe fez sofrer. Por essa época eu tampouco entendia os palavrões, mas já tinha sacado que meus irmãos mais velhos seriam uma espécie de pais para mim, pois minha mãe e meu pai estavam ocupados demais tentando sobreviver a si mesmos.

Levou anos para que eu nomeasse a prazerosa indiferença que senti ao testemunhar aquela cena assustadora e patética, na qual quem deveria agir como adulto se revelava tão frágil e precisava ser contido. Na comparação com meu tio, que também acabara de perder um irmão, meu pai parecia uma criança tentando vencer a morte no grito. Para nós, que sempre pisávamos em ovos com ele, mais preocupados em não o incomodar do que em existir, vê-lo sofrer daquela forma parecia estranhamente justo. A palavra "sadismo" não fazia parte do meu vocabulário e ainda não havia o espaço seguro de uma análise onde eu pudesse proferi-la. Senti prazer em ver meu pai sofrer com a morte do irmão. Sete anos depois, seria minha vez de encarar o mesmo infortúnio.

— VERINHA, DESCE PARA ajudar a sua mãe a limpar o tapete. O Ricardinho, o Ricardinho morreu.

Ouvi perfeitamente, compreendi perfeitamente, e, ainda assim, o tempo que a pergunta "O quê?" cria é fundamental. Ganham-se uns dois segundos, entre a escuta e a confirmação. Para quem tem que responder é bem pior: tem que falar de novo.

— O Ricardinho, o Ricardinho morreu.

Reações esperadas: grito, desmaio, um "Não" com as mãos no rosto e a boca se abrindo num abismo de dentes e língua expostos, uma versão do grito de Munch. Reações reais: desconexas, tolas, sem valor cênico algum. Como no filme no qual Meryl Streep é presa por matar seu bebê — na verdade, levado por um cachorro selvagem —, só porque sua reação à morte do filho foi meio tosca, pouco midiática.

Acima de tudo retardar o choro, fazer tudo para retardar o choro, que é a confirmação da confirmação. Vale tudo para se manter um segundo antes do momento em que a notícia do infarto fulminante de um jovem mudará as coisas para sempre.

Meu irmão morreu uma semana depois do seu aniversário de 24 anos. Uma semana depois de uma feijoada histórica, com um grupo de chorinho que tocou madrugada adentro e dormiu no tapete da sala. Fora os Natais, não lembro de nenhuma comemoração como aquela em nossa casa. Talvez a única na vida que meu pai não tenha estragado tudo com seus gritos e destemperos.

    Depois da festa de aniversário, Ricardo pegou uma gripe. Teve febre altíssima, num tempo em que não se ia ao médico com frequência e os remédios para resfriados eram geralmente caseiros. Talvez tenha tido uma pneumonia, talvez ela tenha potencializado um problema cardíaco preexistente. Não foi feita a autópsia, nunca saberemos. O que sei é que no sábado seguinte à festa, quando acordei, meus irmãos estavam ouvindo música na sala e eu fui tomar café. Como a funcionária limpava a cozinha, de muito mau humor, voltei para o quarto. Não sei quanto tempo passou até que acordei com meu pai com a cabeça encostada no batente da porta. Não consigo lembrar suas feições, mas ele disse algo sobre descer para ajudar na limpeza do tapete da sala, pois meu irmão havia vomitado. Mas, na verdade, não era disso que se tratava. Ele havia morrido. Foi meu outro irmão que, na tentativa de ressuscitá-lo, lhe fez tanta massagem cardíaca e respiração boca a boca que, por angústia ou exaustão, acabou vomitando. Por mais insólita que a notícia tenha parecido, entendi imediatamente que era verdade. O Ricardinho, como meu pai o chamou nesse momento, estava morto.

    Quando meu irmão morreu, meu pai ficou destruído, como era de se esperar, porque a perda de um filho é inimaginável, porque ele era um homem extremamente frágil e porque sabia que havia contribuído de forma consistente — não sei se para a morte em si, mas não descarto — para que a vida desse filho tivesse sido um inferno. Depois de me avisar que o

Ricardinho tinha morrido, ele pegou o telefone e saiu ligando para toda a família informando da morte do filho como um mordomo convidando para um evento, feito um autômato. Era como se embutido no horror da fala estivesse o prazer de ter algo palpável e publicamente reconhecível pelo que lamentar. A neurose pede uma tragédia para tentar nomear aquilo que de outra forma permanece enigmático. A morte do primogênito, filho adorado por todos, era a tachinha no mapa, resumindo todas as dores a um acontecimento real e inteligível para ele e para os demais, que faria a angústia encontrar um nome, ainda que falso.

Quando desci, o corpo já estava vestido e deitado sobre o tapete da sala de televisão. Alguém sugeriu que eu fosse vê-lo. Numa lembrança construída por mim agora, uma das minhas primas, que eu considerava como tia devido à diferença de idade, teria sugerido que eu fosse me despedir dele. Imagino minha prima, qualquer uma das três filhas da minha querida tia Renata, que num livro eu caracterizaria como uma velha carpideira, mandando eu me despedir do corpo do meu irmão. Gosto da cena porque se trata de figuras que sabem o que fazer nas ocasiões em que não há nada que resolva o problema, e a burocracia e os rituais nos exasperam na mesma medida em que nos distraem da brutalidade do acontecimento. *O corpo*, que até algumas horas antes era meu irmão andando e falando; tratava-se de se despedir do corpo. Eis uma coisa insólita, peça que não encontra lugar onde se encaixar e seguirá solta como uma ferramenta que vi num filme de ficção científica, flutuando sobre as cabeças até que a volta repentina da gravidade a faz cair em cheio na testa de alguém. Essa queda se daria na análise.

Nós três pequenos não participamos do velório. Fomos dormir na casa da vizinha, cujos filhos eram nossos melhores amigos. Assustei os anfitriões desavisados dos meus terrores noturnos. Acordei com meu próprio grito e fiquei apavorada por não compreender onde estava. Não é possível lembrar o que acontece durante esses terrores, como eu disse, eles não são como pesadelos propriamente ditos; por vezes eu nem acordava ao tê-los.

Com a morte do Ricardo, meu pai viveu numa indiferenciação entre a vigília e o sono, com crises de sonambulismo que já eram uma marca registrada dele. É aqui que entra em cena um casal de primos, uma prima e seu companheiro, atravessando nossas vidas com sua religião e me fazendo entender para que ela serve: amortecer o intolerável. Uma questão que afeta profundamente algumas famílias é seu isolamento social. Segredos, constrangimento e vergonha fazem parte do pacto de seus integrantes, criando um entrave permanente nas relações externas, quando elas existem. Você pode passar décadas se sentindo deslocado mesmo entre os amigos mais próximos.

Esse casal de primos começou a frequentar nossa casa quase que diariamente e a fazer interpretações que ofereciam sentido ao-que-não-tem-sentido, nos preenchendo com histórias que cumpriram algumas funções. Uma delas era nos unir em torno do sonho comum de cuidar dos meus pais, principalmente do meu pai, que era o mais desajuizado e demandante entre todos nós; outra era criar narrativas mágicas que nos fizessem sonhar. Numa família na qual o sonho não cumpre inteiramente a função reparatória e tudo acaba em pesadelo, sonambulismo ou terror noturno, ouvir dizer que *a falange de entidades* do meu primo avisara-o de que havia algo errado no exato momento em que meu irmão *desencarnava* criava uma narrativa poética onde até então só havia desespero, nos dava a fantasia de controle e predição diante do horror do imponderável. O *aviso* tinha sido transmitido numa quase queda de moto e a coincidência de horário o fez supor a *mensagem*. Os cuidados que recebemos dessas pessoas, mesmo na perspectiva da ateia que sou hoje, me comove. O auge da entrada da umbanda na minha família foi uma sessão em nossa casa, uma vez que meu pai se recusava a ir ao centro espírita conversar com as entidades. Se Maomé não vai à montanha...

Desde a morte do Ricardo, poucas semanas antes, meu pai não comia. Passava os dias dormindo ou bebendo, numa depressão tão desvitalizada que não havia nem risco de suicídio. Nossa casa foi preparada para a sessão. Quem incorporava essa entidade, o preto velho, como se diz, era um senhor chamado Dodô, mirrado, de poucas palavras e de origem humilde. Temi por ele, imaginando como meu pai o trataria nessa situação insólita, tão fora da experiência da nossa família. Não éramos religiosos e meu pai não gostava de padres, dos quais colecionava histórias pouco elogiosas, para dizer o mínimo. Seu desprezo generalizado pela Igreja estava sintetizado na seguinte frase: "Não se preocupe com a Igreja, filha, Jesus não era católico".

A sessão com meu pai foi a portas fechadas. Ele disse que não falaria nada sobre si mesmo e que só acreditaria na entidade se ela contasse algo da sua infância que só ele próprio sabia. Ao final desse encontro, meu pai afirmou que frequentaria o centro. Nunca saberei o que se passou naquele quarto, mas posso dizer que foi providencial para a crise que estávamos vivendo. Como tudo na minha família, as soluções dos problemas nunca seguiram os caminhos da ciência ou do bom senso. Assim, iniciamos um longo período no qual a família se converteu à umbanda, indo a um terreiro num bairro muito distante de nossa casa, o qual frequentávamos devidamente paramentados e felizes por encontrar ali um lugar comum a todos nós. Logo meu pai assumiu uma posição de destaque nessa pequena comunidade de pessoas de outra classe social, que usavam seus parcos recursos para alugar uma garagem caindo aos pedaços, comprar flores e velas, materiais de limpeza, manter as estátuas e o altar sempre em ordem, enfim, fazer daquele um local de oração. Meu pai parou de beber por um tempo, completamente rendido pela relação transferencial que estabeleceu com o grupo.

Essa foi uma experiência acolhedora e um tanto enigmática. Mas não tenho nenhum interesse em assuntos espirituais e a ideia de Deus me é indiferente. Essa é uma busca à qual não me presto, os temas que me obcecam são outros, e são os que preenchem estas páginas.

A MINHA IRMÃ MAIS VELHA tinha dez anos quando eu nasci, e uma educação ainda mais sexista e opressiva do que seria a minha. Entre ela e minha mãe alguma coisa não tinha funcionado muito bem, e só posso deduzir que, para os meus pais, criar meninas parecia um tanto mais perturbador do que criar meninos. As expectativas que pesavam sobre nós eram bem limitadas: estudar somente o necessário, trabalhar em alguma "profissão feminina" até se casar, para aí, então, se dedicar exclusivamente aos filhos e à família. Basicamente, sair da tutela dos pais para a do marido, cuidar dos pais/irmãos na velhice. Esse era o gabarito para nós, já um tanto anacrônico mesmo nos anos 1970.

Aos nove anos, sendo a única filha entre dois meninos e desfrutando do pouco prestígio oferecido às mulheres, minha irmã aguardou ansiosamente pela chegada de uma possível aliada, mas, para sua imensa decepção, o quarto filho dos meus pais revelou ser outro menino. Um ano e um mês depois eu cheguei, a irmãzinha-brinquedo, com a qual ela podia exercer toda sua afetividade, identificar-se por ser menina, amar e ser correspondida.

E deve ter sido mesmo assim, porque, tirando algum estranhamento na adolescência, no qual a rivalidade e o surrupio das roupas foi motivo de estresse, ela sempre cuidou de mim e me serviu de conselheira.

Meu amor por ela era tão filial que o nascimento dos meus sobrinhos, entre meus quinze e dezoito anos, foi para mim um misto de alegria e perturbação. Essa foi uma marca da minha limitação afetiva, uma relação de ciúme com a descendência dos meus irmãos, como se eles, sempre colocados no lugar de pais para mim, me dessem novos irmãozinhos e não sobrinhos. Não canso de me espantar com a infantilidade dessas afirmações. Mas é ali, onde as peças deveriam se encaixar lindamente, que encontro o caos das revelações embaraçosas.

Foi minha irmã mais velha que denunciou a outra família do meu pai, quebrando o acordo tácito que ele mantinha com os filhos homens. Ela chegou contando que o noivo tinha visto meu pai com a amante e foi duramente repreendida. O noivo, que depois veio a se tornar seu marido, por pouco não foi defenestrado, numa cena digna de Nelson Rodrigues. Logo descobri que nossa família preferia penalizar o mensageiro a encarar a mensagem, e o que parecia lealdade era tomado como traição. O que afinal fazia sentido, pois o pacto a ser respeitado era o do silenciamento, tornando a verdade uma forma de traição.

Falar sobre essa irmã é falar sobre como o lugar da mãe é fugidio, impossível de ser inteiramente ocupado por alguém, e capaz de se apresentar com muitas caras, sem que nenhuma seja conclusiva. Peça que nunca se encaixa e cuja falta estrutural nos obriga a encontrar novas formas de recriá-la.

Grito pela minha mãe. Ela abre a porta do lavabo e eu mostro minha calcinha manchada de marrom no fundilho. Minha mãe me olha impaciente, como se eu estivesse fazendo algo errado.

— Você sabe o que é isso, não?

Digo que não, com um olhar atônito, mas, imediatamente, entendo que estou fazendo algo errado. Não por ter uma mancha de sangue entre as pernas aos doze anos, mas por ter perguntado a ela. Perdi algum detalhe do acordo não verbalizado entre nós, pelo qual eu não poderia me atrever a contar com ela nesses momentos. Eu tinha feito algo errado, mas não entendia o quê. Crescer? Tornar-me mocinha? Mostrar-lhe meu corpo? Compartilhar algo íntimo?

Nem uma palavra. Algumas horas depois um pacote de colchõezinhos de boneca e uma calcinha preta com presilhas me é entregue com ar de contrariedade. Entro no banheiro com os pacotes e não tenho a menor ideia de como ajustar a calcinha com os absorventes. Apelo para minha irmã mais velha, que dá uma sonora gargalhada ao ver os apetrechos que eu tinha recebido.

— Pelo amor de Deus! O que a mãe está pensando? Joga essa merda fora. E essa calcinha preta com presilhas, onde foi que ela arranjou!? Peraí que eu vou pegar um dos meus. Usa sua calcinha mesmo, tira a fita adesiva e cola aí. Tem que trocar sempre. Não vai ficar vazando por aí! Você virou mocinha, Verinha.

Quando minha filha mais velha teve a primeira menstruação, para a qual eu me imaginava totalmente preparada, senti uma angústia incontrolável. Ao tentar descrever em análise o que me acometia, surgiu o significante *colada*. Daí veio o coice da lembrança do *descolamento* de placenta que ocorreu durante seu parto. Na época, minha terceira analista, que tem a curiosa fama de ser distante e fria, vendo minha desolação, sacou de sua estante um volume antigo em francês. *Leia a pri-*

meira cena, Verrá, disse, com seu sotaque habitual. *L'Éveil du printemps*, de Frank Wedekind, a passagem na qual a filha, que quando adulta morrerá de um aborto mal realizado, pergunta à mãe como se faz um bebê, ao que a mãe se recusa a responder, desencadeando a tragédia. A inesperada oferta do texto como gesto de acolhimento da minha angústia me ajudou a atravessar um acontecimento contingencial, um acidente no parto e, mais importante, o reconhecimento de que o encontro com o sexual para a psicanálise é sempre da ordem do traumático. Claro que não foi para teorizar a vida que minha analista fez o gesto, mas para me mostrar em ato que a arte vai aonde a psicanálise não consegue chegar. E se é para falar do real do corpo e da sexualidade, é com ela que sempre poderemos contar.

Cheguei da escola e entrei pelo portão lateral da casa, a partir do qual se estendia um longo corredor. Ao final, era a porta da cozinha. Ainda no corredor, eu podia escutar a faca batendo forte e ritmada na tábua de madeira.

Cheguei com a cabeça cheia, abalada pela confissão da minha melhor amiga: ela e o namorado, mais velho, tinham ficado nus e se deitado juntos. Se deitaram mesmo, não fizeram nada, só ficaram deitados lado a lado, ela disse. Retruquei que ele era um safado se aproveitando dela, enquanto ela insistia que ele fora super-respeitoso por não ter feito nada. Nunca havíamos brigado até então. Misto de inveja, ciúme e medo, por ela, por mim.

Quando entrei, percebi que minha mãe estava picando salsinha e chorando. A cozinha era a área dela, a empregada só entrava para limpar.

Ela me contou, como quem está no meio de uma conversa com outra pessoa, que ela e meu pai se casaram muito apaixonados. Não havia mais ninguém na cozinha, ela falava consigo mesma e, percebendo minha chegada, me incluiu no monólogo. Fazia alguns meses que eu havia me tornado sua confidente. Não era a primeira vez que ouvia essa história, cada vez começada por uma parte diferente. Sem usar a palavra "sexo", ela me contou que fora apavorada para a lua de mel, mas que *ele* tinha sido maravilhoso, de uma paciência infinita, e que *aquilo* que era para ser uma obrigação se tornou uma das melhores coisas entre os dois. Declarou que gostava muito *daquilo* com ele. Foi para mim um grande alívio ouvi-la dizer que a vida sexual deles tinha sido, pelo menos por algum tempo, para lá de satisfatória. Mesmo que ela não tivesse se dado o trabalho de me contar, as trocas de carinho entre os dois eram evidentes, embora se tornassem cada vez mais fraternas e menos eróticas, com o passar dos anos.

Mas agora ele tinha outra mulher, uma amante, com quem tivera um filho. Algo que tinha acabado de ser escancarado por alguém de fora, seu futuro genro, criando um testemunho difícil de negar. Ela não tinha a menor perspectiva de vir a ter outro homem. Essa opção não seria plausível para uma mulher cuja vida se resumia à casa, aos filhos e ao marido. O impacto de ver minha mãe com sua sexualidade enterrada pelo desinteresse do marido, poucos anos depois de um começo promissor, também me marcou. Essa combinação entre sexualidade satisfatória de um casal apaixonado e a deterioração dessa relação dentro de um casamento que não tinha o divórcio como opção sempre me soou cruel demais.

Fiquei obcecada pela ideia de que jamais ficaria aprisionada a um relacionamento amoroso sem sexo.

Minha mãe tinha em torno de cinquenta anos e era linda, apesar de ter tido meia dúzia de filhos com um homem que não a amava mais. Não fazia um ano que ela havia olhado para minha calcinha suja de sangue com um misto de descontentamento e reprimenda. Se esse acontecimento não foi capaz de permitir que falássemos de mim, deve ter, por outro lado, indicado que eu já estava pronta para escutá-la. Ela não tinha nenhuma amiga e rivalizava com as cunhadas. Soava perfeitamente normal para mim que ela não tivesse amigas, nem vida social, ou outra ocupação que não fosse cuidar da casa, dos filhos e do meu pai. Afinal, ela era a mãe, o que mais poderia ser?

O que mais uma mãe poderia ser, não é mesmo?

Hoje você PARECE bem melhor, o rosto mais rosado, a pele mais hidratada. Te dou um beijo na testa. Você está sorridente. Conta que as enfermeiras se afeiçoaram a você e têm trazido mimos. Trocam a fruta da sobremesa pela sua preferida, ou trazem uma geleia que só tem no andar de gestantes. Você é uma velhinha querida, e seu desejo de viver e sua lucidez intacta encantam a todos. Se não tivesse começado a ficar tão debilitada fisicamente, sem dúvida estaria programando uma viagem inusitada.

— Querem colocar um marca-passo, filha.

— Na sua idade? Não é perigoso?

O remédio do coração traz risco de AVC, e o remédio para evitar o derrame traz risco para o coração. Alguma coisa assim, que talvez o marca-passo ajude. Estão especulando.

Você descreve os sintomas como quem faz uma reclamação para uma entidade superior: seu corpo está dando defeito depois de 95 anos, como é possível isso!? É como a piada da mulher que não entende por que não tem dinheiro no banco, se ainda há folhas de cheque no talão.

Diante dos sinais de que sua estupenda saúde estava cedendo sob o peso da idade, testemunhei sua mágoa. Como se a sua vida, após décadas cuidando de marido e filhos, escapasse de você antes de ser devidamente vivida. Nem a morte de dois filhos adultos foi capaz de te fazer capitular diante da chance de usufruir alguns anos de liberdade.

Arrumo seu travesseiro e te trago um pouco de água.

— Não posso tomar muita água por causa do coração — você me previne.

— Boa tarde, dona Vera.

Nós duas nos viramos para responder à enfermeira que entra chamando nosso mesmo nome.

Você está bem ansiosa com a vinda do médico, louca para voltar para sua casa, suas plantas, hidromassagem, bingo. Mas as notícias não são boas, uma vez que cada remédio que te dão atrapalha o anterior, num ajuste impossível para um corpo centenário. Você ainda não sabe disso e parece feliz com minha vinda.

Estamos sozinhas e eu começo a te fazer perguntas sobre a sua infância. São histórias que ouvi ao longo dos anos, mas que tento registrar, na contramão do meu costumeiro desejo de tudo esquecer. Me ocorre gravar, sem que você perceba. Vou roubando suas memórias sorrateiramente, antes que minha irmã chegue.

Você, a meu pedido, retoma a história da sua avó, que nunca se conformou muito com a neta adotiva e era extremamente cruel com você. Com o novo casamento, depois do abandono do Gregório, sua mãe foi morar na casa do Bruno para cuidar do novo sogro e da cunhada. As crianças não podiam ir para não incomodá-los. Você teve que esperar que o velho morresse para voltar a contar com a proteção da sua mãe. Enquanto isso, minha bisavó te maltratava impunemente. A vizinha, inconformada com seu choro diário, exigiu explicações da sua avó. Você se lembra dela levantando seu corpo nu, por cima do muro, para mostrar à vizinha que não havia marcas de espancamento.

Não há ressentimento em sua voz. Para cada relato da crueldade da velha, você se lembra de algo pior na biografia dela. Sua condescendência para com esses abusos me soa como um último ato de desprezo. Como se ela não servisse nem para ser odiada.

Minha bisavó foi uma menina de família rica dada em casamento a um homem trinta anos mais velho. Ela tinha doze anos, brincava de boneca e nunca havia penteado o próprio cabelo, pois tinha escravas para fazê-lo. Semianalfabeta, continuou a se refugiar nas bonecas enquanto colocava filhos no mundo. Uma criança parindo outras.

Quando você já era uma moça e ainda fazia um esforço sobre-humano para se mostrar exemplar diante da velha, houve um dia de fúria. Minha bisavó, que não só te espancava quando você era pequena como costumava te xingar, mais uma vez resolveu te chamar de puta ou coisa que o valha. Você já tinha a pilha de pratos na altura da cabeça da bruxa, pronta para ser espatifada ao comando de suas mãos trêmulas, numa versão macabra de um jantar grego. Sua mãe intercedeu a tempo de você não realizar seu anseio homicida sobre a dela. Vinte anos sonhando em ver sua avó desaparecer do planeta, duas décadas de ódio sob um verniz de civilidade e estoicismo. Quem você teria sido se tivesse espatifado pratos na cabeça dela? Mas você fez a derradeira cena estar ao alcance das mãos de Maria, que impediu o estrago. Ela te salvou da cadeia, talvez, mas não da humilhação e do ódio.

Análise

Sua avó, a menina que nunca havia penteado os próprios cabelos e foi entregue a um casamento forçado ainda criança, foi morar sozinha em outra casa, longe de você e de sua mãe, longe da neta e da filha. A escolha que minha avó Maria fez por você, mandando a própria mãe para outra casa, me enche de satisfação. Novamente ela escolhe você. Quando cuida sozinha dos dois filhos sem marido, quando casa de novo e reorganiza a família, quando tira da frente sua algoz.

Você quase não fala dos filhos perdidos, mãe. É como se eles sempre estivessem presentes, não precisando ser citados. Às vezes, surge a menção de uma mania de um deles, um gosto, uma memória edulcorada. Tendo sobrevivido quase cinco décadas à perda de um e duas décadas à perda do outro, você segue exigindo seu quinhão de existência. Você é a mãe que sobrevive aos pais, ao marido, aos filhos. E eu, qual Vera serei? Sobreviverei a você?

É NOITE E ESTAMOS na casa da minha avó materna. Eu tenho quatro anos, não mais do que isso, e estou achando muito estranho estarmos fora de casa e da cama, à noite, sem que seja um dia de festa. A porta da frente está aberta, o que aumenta minha sensação de que algo não está certo. Somos orientados a ficar no quarto da frente, o mais próximo da entrada, como costumava ser nessas típicas casas térreas dos anos 1960. Claramente não sabem o que fazer com os três pequenos. Fico perambulando pelo quarto, enquanto meus irmãos de cinco e três anos se ocupam com outras coisas. Um enorme armário com portas de madeira torneada chama minha atenção. Viro a chave com minhas diminutas mãos e empurro a porta para o lado. Dentro do armário, envolto em plástico ou celofane, me deparo com um Bambi de pelúcia do meu tamanho. Fico maravilhada com seus olhos brilhantes, olhos que ao longo dos anos brincarei tantas vezes de tirar e colocar que a frouxidão dos furos impedirá de permanecerem no lugar certo, dando-lhe um ar de debilidade. Quero tirá-lo do armário para brincar, mas alguém intervém, era para ser uma surpresa. Provavelmente algo que o Papai Noel traria para mim e meus irmãos. Voltamos para a antessala que dá para a porta da rua. Minha mãe está em pé, do lado de fora, sob o pequeno alpendre na entrada da casa. De lá sai o caminho tortuoso, ladeado pelas amadas roseiras de minha avó, que desemboca no portãozinho da rua. Não lembro de tê-la visto chorando, mas com o olhar perdido, quieta. Eles claramente não sabem ou sequer pensam o que fazer com os pequenos.

Muitos anos se passarão até que eu saiba que essa era a lembrança da morte da minha avó. Ela morreu nessa noite e o que restou para mim foi a imagem insistente de um Bambi de pelúcia dentro do armário. Enquanto escrevo, me dou conta de que deve ter sido por essa época também que me deparei com a morte da mãe do Bambi, no cinema. Eu me lembro de ter pegado no sono durante a exibição do filme, após assistir a uma das cenas mais tristes da história do cinema até então, e que serviria de modelo para os outros desenhos de longa-metragem que viriam depois. A mãe do Bambi é morta pelo homem, como foi chamado o personagem sinistro e sem nome.

Como terá sido para minha mãe a noite na qual sua mãe morreu de um infarto? A impossibilidade de fazer os filhos pequenos entenderem quão inconveniente pode ser o apelo mais simples quando nos sentimos despedaçados, quando descobrimos não ter mais a mãe para quem apelar.

Temenos por nós mesmos sempre que nos deparamos com a morte dos outros, mas, quando são nossos pais que se vão, adiciona-se a isso a contabilidade, mais ou menos inconsciente, na qual tentamos calcular o risco de sofrermos do mesmo mal. Minha mãe não herdou o corpo da minha avó Maria, seu coração frágil e traiçoeiro, que a deixou na mão aos 68 anos. Sua herança biológica só conhecemos conforme sua vida vai se desenrolando e seu corpo se revela em ato. O corpo magro, com uma silhueta bem desenhada, os dentes claros e bem-feitos, a saúde excepcional e uma memória que nunca a decepcionou, mesmo aos quase cem anos. É isso que dá para imaginar sobre a mulher que a entregou na maternidade, sua outra mãe — a mãe que a teve, como se diz —, e sobre o pai, que nem sabemos se estava presente na hora da entrega.

E agora sou eu que me vejo diante do corpo da minha mãe, que a abandona, e ela, que tem lucidez para saber disso, tenta ignorar. Como fez minha avó, que tinha o péssimo hábito de dizer que "Quando meu marido morrer eu vou fazer isso e aquilo". Frase que se tornaria motivo de chacota durante décadas, depois que a tristeza daquela noite cedeu lugar à coleção de anedotas de uma vida inteira. É o que de melhor se pode fazer com o que permanece de alguém tão querido como ela. Embora Maria fizesse grandes planos para depois da morte de Bruno, foi ele que enviuvou e viria a se casar alguns anos depois, contrariando ainda mais o vaticínio da esposa.

Vovó morreu dormindo, talvez tenha acordado com o coice no peito e o desespero de quem sabe que está morrendo mas não tem como se fazer ouvir. Talvez tenha sonhado com uma dor lancinante, seu corpo tenha respirado pela última vez, e tenha continuado a sonhar.

Não sabemos, HAL, não adianta insistir. Acreditar que um dia saberemos é um truque mal-ajambrado para supor que há depois, HAL, resigne-se como um bom computador deve fazer.

Minha mãe continua a lutar, inconformada com a traição a que seu corpo a submete. Seu desejo, no entanto, se dobra à realidade do tempo. Penso nas mães dela. Na que ela viu morrer de um ataque cardíaco e naquela cuja memória foi apagada para sempre.

Análise

Ligo para minha irmã mais velha e pergunto em que ano nossa avó Maria morreu. Quero completar a frase "seu coração frágil e traiçoeiro, que a deixou na mão aos X anos". Não informo o porquê da questão inesperada, não quero que saiba que estou escrevendo sobre a família. Ela responde que Maria morreu em 1969, aos 68 anos. Eu tinha quatro anos, então. E já não sei mais se a lembrança que tenho daquela noite corresponde aos acontecimentos ou se é uma colagem para inserir, revelar e esconder essa morte em algum lugar. A morte da mãe do Bambi, filme a que assisti sentada no colo dessa irmã mais velha, e o brinquedo que vi na casa de meus avós podem ter se juntado à revelação inconcebível de que mães morrem. Esse é o fato que a lembrança busca encobrir: elas morrem, nós morremos e sobram os brinquedos de pelúcia com olhos insanos.

Hoje você está linda, mãe. Seu rosto se ilumina por poder voltar para casa na manhã seguinte. Voltar para sua vida, seu bingo, e para as pequenas alegrias do seu dia a dia de dores e cuidados. "Será que podem ser condenados por se agarrar até as últimas ao seu lugar no doce banquete dos sentidos?", como Coetzee escreveu em *Desonra*.

Você elogia o atendimento do hospital e, acima de tudo, a enfermeira da noite, um "doce de pessoa, bonita e educada". Trata-se de uma moça negra, e eu imediatamente me lembro de como nos orgulhávamos de não ser racistas. De como meu pai "tinha até amigos negros" e outras pérolas do cancioneiro da "democracia racial brasileira". Dos nomes que essas pessoas tinham, ou melhor, de que não tinham nomes, apenas apelidos: Bola Sete, Negativo, Negão, Baiano… Não somos como sua avó, que teve escravas e odiava o fato de você ser adotada, enjeitada. Somos racistas advertidos.

Volto para te visitar questionando sua insistência em continuar viva e sem entender o que te move. O que move quem perde dois filhos, a juventude, o marido, os sonhos de futuro? Sem poder responder o que me move tendo tudo isso e ainda trabalho, amigos, reconhecimento. Sou HAL 9000, perguntando se iremos sonhar. Não apenas fingindo que existe uma resposta, mas querendo acreditar que você pode me dar essa resposta. Você sabe do fim, tanto quanto do começo: nada. Do meio, que te cabe, você só sabe que quer desesperadamente viver. O seu gesto mais inequívoco, disruptivo e revolucionário. O temor de te perder deu lugar à necessidade de passar por isso logo, para me certificar de que não serei a Vera a ir primeiro e não iremos juntas como nossos nomes.

Penso na sua mãe. Na outra, na que te pariu e te entregou para aquela que te cuidou. A genitora de cujo corpo só temos notícias pelo seu, que agora te abandona. Só temos certeza de que ela está morta, mas não sabemos quando, onde e como. Não se sabe com quantos anos essa mulher (essa jovem, essa criança?) te colocou no mundo, mãe. A ela também devo minha existência e a de meus descendentes. Todos os enredos fantásticos caberiam nessa história, uma vez que as únicas testemunhas desse feito não se encontram mais entre nós e não deixaram nada que pudesse esclarecê-lo.

Será que você chegou a pensar nisso, naquela noite em que te vi no alpendre da casa da vovó, quando ela morreu? Que junto com ela morria qualquer possibilidade de saber sobre a sua origem? Peguei seu enigma para mim e, depois de décadas de análise, de conversas infrutíferas sobre o tema com você, só me restou tentar escrevê-lo.

Hoje o pedreiro gospel está com o diabo no corpo, cheguei a pensar que alguém tinha caído da laje, tamanha a gritaria. Eles batem ali, eu bato no teclado aqui e esses dois mundos separados por trinta centímetros de muro e um fosso social embalam minha escrita. A casa estava em pleno processo de quebra-quebra quando ficou claro que elétrica e hidráulica não poderiam ser salvas. Tampouco telhado, janelas, armários com cupins e muitas paredes, que tiveram a caçamba como destino. Cada dia uma novidade, alguma coisa que não sai como o previsto. Uma viga invertida onde seria desejável uma porta-balcão. Colunas de sustentação se impõem no meio da sala, contrariando nossos planos. Entre o projeto e a realidade da areia e do cimento existe essa estrutura que se revela a cada martelada. A solidez me surpreende toda vez que o empreiteiro espera uma semana em busca de sinais de rachaduras, que não aparecem.

 A pergunta, nada original, que me faço a cada avanço é se terei pernas para chegar ao final. Como vou ocupá-la? Qual a conciliação possível entre o que sonhei e o que sou capaz de realizar? Queria ter a fé que move paredes, mas tenho que me contentar com a escrita.

UMA OUTRA VERSÃO do meu pai é que quando tínhamos uma disputa séria, quando eu precisava que ele dissesse "sim" para algo que ele era terminantemente contra, passado o "não" raivoso e definitivo que me deixava arrasada, eu tinha minha estratégia. Precisava abordá-lo de manhã, antes que ele se levantasse da cama. Nesse momento ele estava sóbrio e acessível. Era como pedir a bênção para um mafioso perigoso, mas num momento fugaz de fraternidade. O amor, comumente subjugado pelo desatino, aparecia, e ele era capaz de ouvir minhas razões — cheias de mentiras atenuantes —, e o impossível "sim" se materializava.

Eram momentos ternos nos quais ele podia experimentar uma paternidade razoável e afetiva. Eu me orgulhava muito de conseguir convencê-lo, mas sabia que era só uma questão de tempo para que outra situação azedasse tudo entre nós. Nessas ocasiões eu era capaz de ficar semanas sem falar com ele e sem expressar qualquer reação às suas falas.

Chegar em casa sempre foi uma mistura de afetos impossíveis de conciliar, mesmo quando não morávamos mais juntos e os encontros se tornaram visitas. Eu queria estar entre eles, porque o mundo, em certa medida, se resumia à minha família, e, ao mesmo tempo, vivia sobressaltada com a iminência de uma explosão no meio das grosserias habituais.

Quando o mundo ampliou seu escopo, a comparação com a vida familiar se mostrou inevitável e não tive mais como ignorar alguns abismos. Os laços afetivos eram truncados pela impossibilidade de comunicação. Quando a comunicação funcionava, ela revelava que as expectativas entre nós eram inconciliáveis. O que pais, filhos e irmãos esperavam uns dos outros era uma lealdade baseada em abrir mão do próprio desejo em nome da família. Está aí uma coisa que a psicanálise vem para esculhambar.

Sonho que convido meu pai para conhecer uma livraria nova que abriu bem perto de casa e cuja decoração é uma montagem de objetos antigos que poderiam estar nas casas da minha infância, incluindo a de minha avó. Conjecturo se poderíamos ir a pé, quer dizer, se ele teria condições de ir andando até lá. Meu pai está dentro da loja e ainda é um homem saudável e forte. Um homem razoável que frequenta livrarias com a filha adulta, e não a pessoa atormentada com quem convivi até meus quarenta anos. Mostro para ele, no caminho, que uma balada que minha filha frequenta mudou de endereço. A balada se chama Nossa Casa. Acordo e lembro que meu pai está morto e que nunca tivemos nada parecido com essa cena tão corriqueira quanto cheia de sentidos. Um choro inesperado me escapa. Meu amor por ele é desconcertante.

DIA DE HOSPITAL, tenho pavor de carregar algum vírus para dentro do quarto. Talvez porque em algum lugar deseje fazê-lo e acabar logo com isso. O pensamento cruel corre solto, aprendi que é melhor ser honesta comigo, pelo menos.

— Você parece melhor, mãe.

A enfermeira entra e faz perguntas sobre a pomada para coceira nas costas.

— Trouxeram?

Faço cara de interrogação, você responde que sim.

— Está com dor?

— Tomei o analgésico agora há pouco.

Se minha irmã estivesse aqui ela responderia, mas você sabe tudo o que está acontecendo e responde, me deixando com a cara da filha de fora da conversa, que não sabe o que se passa com você. A enfermeira dá várias explicações sobre como aplicar o creme para a coceira nas costas, que eu nem sabia que você tinha. Presto atenção para transmitir as informações à minha irmã. Ela sai, nos deixando sozinhas.

Lembro da minha mãe me contando que quando eu tinha nove meses caí da cama e quebrei a clavícula. Na verdade, meu irmão de nove anos, que estava cuidando de mim, teria bobeado e eu fui para o chão. Foi o choro alto e insistente que a fez correr para o quarto e perceber que não havia sido uma queda sem consequências.

Pequena demais para ser engessada, me restou ser deixada com o mínimo de colo, encontrando sozinha as melhores posições para não sentir dor. Como não era mais possível engatinhar, e com o medo dos adultos de me carregarem e me causarem dor, aprendi a andar logo em seguida. Foi na mesma época em que o papai foi preso por guardar armas em casa. Em plena ditadura ele colecionava armas e adorava mostrar para os amigos, se gabando dos modelos que tinha.

Era próximo do Natal e reza a lenda que o meu tio Francisco chorava porque meu pai não veria sua bebê dando os primeiros passos — esse tio também era afeito a um drama. A bebê, no caso, era eu. Ninguém sabia quando e se ele voltaria. A prisão tinha sido um subterfúgio para confiscar suas armas, uma vez que não pesava nenhuma suspeita política sobre ele. A prova de que não era nada revolucionário é que as armas não estavam escondidas, pelo contrário, eram objeto de exibição. Meu pai era só um cara falastrão, sem nenhuma relação com política, movimentos ou partidos, mas que demorou a perceber que a partir do golpe de Estado as coisas já não seriam mais como antes. Ser falastrão em 1965 podia ser tão temerário quanto ser guerrilheiro, mas um par de anos depois, quando o regime endureceu de vez, talvez nem ele tivesse sido tão atrevido. Eu gostaria de poder dizer que meu pai era um cara de esquerda engajado lutando pela democracia, um Rubens Paiva que teria tido a sorte de sobreviver aos porões da ditadura, mas não era bem o caso.

Dentre as histórias que ouvi sobre o episódio, conta-se que ele teria lavado a própria cela por se recusar a ficar em um lugar sujo. Bem típico dele, e uma das marcas de pessoas que viveram a pobreza como humilhação pessoal: preocupação perene com a limpeza e com a mesa farta. Ele se comovia ao contar que um prisioneiro em outra cela, numa condição bem diferente da dele — talvez politicamente diferente —, lhe oferecia cigarros. Cenas de generosidade sempre amoleceram meu pai. Violências explícitas, torturas covardes, não faziam parte do seu imaginário. Não sei como interpretar essas informações, que, quando avaliadas, soam pouco críveis. Mas, como a realidade costuma ser mais bizarra do que a ficção, tendo a mantê-las no mundo dos possíveis. A falta de outros comentários sobre esses dias na prisão me acende o alerta de uma situação na qual o trauma nos emudece. Porém é mais provável que se trate apenas de uma projeção minha, meu eterno radar para o sofrimento humano.

Ele voltou para o Natal e talvez tenha chegado a tempo de ver meus primeiros passos. Talvez tenha entrado pela porta abatido e feliz por estar em segurança e, antes de se dirigir à apreensiva e saudosa esposa, tenha me visto, naquele exato momento, andando na sua direção. O que sei é que a partir daí ele começou a ser visitado periodicamente por dois delegados, os quais recebia com seu melhor uísque e um humor forçado. Consigo imaginar que foram eles que o liberaram, mas também que foram eles que ficaram com suas armas, mantendo-o numa espécie de condicional. Sei também que não se falava em política dentro de casa, fato que associei a esse acontecimento, mesmo sem saber como eram as conversas antes da prisão. Minha irmã mais nova, a sexta filha, que hoje cuida da minha mãe, nasceria nove meses depois, fruto da saudade, do terror e da alegria pela volta do meu pai.

Quando já morávamos numa casa maior e mais bonita, esses dois delegados foram nos visitar como faziam de tempos em tempos. Aos oito anos, eu já tinha aprendido a decifrar os humores do meu pai com precisão, como se disso dependesse minha própria vida. Foi quando percebi o quanto ele os desprezava, e como, por trás da oferta de bebida boa e infindáveis piadas, a visita dos dois era muito perturbadora. Assim que eles saíram, e tendo ouvido parte da conversa, fui perguntar a meu pai o que significava "tirar alguém do pau de arara".

Com um olhar furioso e a voz pastosa, ele gritou:

— Cala a boca, filha.

A relação com minha irmã mais nova, que nasceu um ano e oito meses depois de mim, foi arrasada por meu ciúme e pela sensação, que parecia ser compartilhada por todos, de que meus pais já tinham colocado filhos demais no mundo e não sabiam muito como cuidar deles. Depois dela ainda viriam mais dois por parte de sua outra mulher. O cobertor era curto para nos dar atenção e para a criação de intimidade, tão valorizada hoje em dia. Embora se possa dizer que era uma questão de época, ficava claro que havia algo mais. Nossa derrocada moral e material era iminente, tudo se sustentando na fragilidade emocional do meu pai e no esforço hercúleo da minha mãe para que a família não se desintegrasse.

Caberia a alguém ficar cuidando deles no final, nos moldes em que se esperava que os filhos dessem conta da vida dos pais. Não se tratava apenas de um ato de gratidão, mas de retribuir o sacrifício com sacrifício, pagando a dívida de termos sido cuidados. Uma demanda não explicitada pelas famílias de hoje, mas bem clara para a geração dos meus pais.

Certamente esse papel caberia às mulheres, de preferência as mais novas, permitindo longevidade na função. Fantasio que, ao me darem o nome da minha mãe, esse seria o meu papel, o de alguém fadada a ser a acompanhante dos pais na velhice, permitindo que os demais seguissem suas vidas e constituíssem a própria família e descendência.

E se essa perspectiva parece tão bizarra quando comparada com o projeto atual de filhos é pelo fato de estarmos tão presos ao espírito de nossa própria época que, por vezes, somos incapazes de relativizá-lo. Hoje, por exemplo, temos a ideia de criar filhos para que sejam "felizes", "as melhores versões de si mesmos", "para performarem". Esse tem sido o ideal impossível, ao qual a geração atual responde com depressão, ansiedade e a recusa a entrar na vida adulta. Não sabemos se o que se fazia antes era melhor ou pior, mas sabemos que a próxima geração fará de uma forma inteiramente nova, imprimindo outros imperativos a seus filhos. Cada geração faz suas apostas, recolhendo seus próprios ônus e bônus.

Meus pais elegeram alguns filhos para ficarem junto deles, demandando que a vida destes se reduzisse a seguir seus passos. A essa demanda cada filho respondeu a seu modo.

FREUD FOI ACUSADO de tarado por dizer que a sexualidade começa no berço: anjinhos inocentes gozam enquanto se saciam no peito da mãe. Quanta baixaria, meu senhor! Sem a intenção de diminuir o escândalo, ele manteve o uso da palavra "sexualidade", comumente associada ao coito e à reprodução, para falar de algo que vai muito além do primeiro e se distancia totalmente da segunda. Se hoje o termo ainda escandaliza, que dirá em plena era vitoriana, na qual um tornozelo à mostra era motivo de ereção e o sexo deveria visar, acima de tudo, a procriação e não o prazer. Mesmo dentro do campo psicanalítico, o tema foi motivo de racha: Reich lhe dá demasiado crédito e aposta que bons orgasmos vencem neuroses; Jung subestima o tema — não em sua vida particular, como se sabe, mas na teoria.

Freud argumentava que o objeto desejado é contingente e vai sendo construído a partir das experiências com o próprio corpo na relação com o corpo dos cuidadores. Através do cuidado vão sendo deixadas marcas singulares, como uma digital, que formarão a base de nossas fantasias e satisfações futuras. Ele afirmava que as experiências de prazer com o corpo — tato, audição, visão, olfato — imprimiam traços em certas zonas privilegiadas, as ditas zonas erógenas, e que essas, ao final do processo de desenvolvimento sexual, se renderiam ao prazer genital, este sim com finalidade de perpetuação da espécie. Dito de outra forma, desde o primeiro colo, cheiro, voz, mamada, defecada, o bebê vai tendo experiências corporais de prazer e desprazer que ao longo dos anos afetarão diferentes zonas especialmente carregadas em termos libidinais, e que aos poucos cederão sua importância para as zonas genitais — no caso, vagina e pênis —, completando a maturação psicossexual. Essa solução final, visando a perpetuação da espécie, justificaria o caráter desejável da heterossexualidade.

Em seus *Três ensaios sobre a teoria da sexualidade*, de 1905, Freud sustentava, por exemplo, que somos todos bissexuais de fábrica e que era a identificação com os pares, e não uma pretensa natureza humana, que lograria a saída heterossexual, que ele considerava mais adequada. Gayle Rubin, em seu célebre ensaio *Tráfico de mulheres: Notas sobre a "economia política" do sexo*, aponta que Freud, ao desvendar a sexualidade humana, não estaria revelando a forma normal do desenvolvimento sexual de meninos e meninas. Para a antropóloga, ele descrevia, ao contrário, como só à custa de muita pressão e violência somos constrangidos a caber na norma cis-hétero hegemônica. Freud revela de forma genial o que se passa para que o filhote humano se identifique como homem ou mulher numa sociedade que só admite esses dois gêneros, mas peca ao tomar como natural e desejável aquilo que é particular e contingente. Mas ele não era homofóbico, e várias são as provas de que não via os homossexuais como sujeitos doentes ou imorais. Freud entendia que nesses casos algo tinha dado errado no que se considerava a saída edípica normal, o que chamou de desvantagem em carta enviada a uma mãe que buscava tratamento para o filho homossexual. Freud, há mais de cem anos, não cogitou o que hoje é conhecido pela infame expressão "cura gay".

Lacan fez menos concessões à heteronormatividade de plantão e esculhambou a ideia de que as pulsões parciais ligadas às zonas erógenas se renderiam ao primado da genitalidade. Para ele, as pulsões são sempre parciais e seguem assim ao longo da vida. É perceptível o momento no qual a boca é o centro do universo do bebê ou no qual o controle esfincteriano é a bola da vez em nossa experiência erótica, mas na sexualidade nada se perde, tudo se transforma. Aí estão as práticas de obtenção de prazer entre humanos para provar que céu e inferno são os limites de onde podemos extraí-lo.

Somos marcados no corpo pelo contato com o corpo do outro, mas essas marcas são simbólicas, pois a experiência humana sem os contornos do simbólico é pura angústia, puro afeto disruptivo. O prazer e o desprazer do corpo são ordenados pela linguagem, por mais contraintuitivo que isso possa parecer. O tapa na cara pode ser humilhante, mas pode também compor uma cena sexual altamente erótica. Não é o gesto que define isso, mas o sentido que subjaz a ele. O sentido é dado pela linguagem.

A reprodução de corpos é fundamento, porque sem ela não estaríamos aqui, mas para os humanos a condição é a *reprodução de sujeitos*, constituídos pela linguagem. Um belo orgasmo dormindo, sonhando com algo muito distante daquilo que se assume como desejável em vigília, sem qualquer estimulação tátil, serve para lembrar que a coisa se passa em outro lugar.

A excitação para os animais em geral se dá segundo padrões instintivos da espécie. Mesmo um mecanismo ultrassofisticado para atrair uma fêmea, como mudanças de cor, dança do acasalamento, simulação de briga, estimulação do olfato ou de sons, não escapa da estereotipia do grupo ao qual aquele animal pertence. Nada poderia ser menos válido no contexto humano, no qual o que nos excita varia infinitamente. Somos todos testemunhas da impossibilidade de adivinhar a priori o que estimula o outro a quem pretendemos seduzir, ou o que nos arrebatará num encontro. Só a posteriori constatamos o efeito que temos sobre o outro e ele sobre nós. No mundo humano, um detalhe anódino pode brochar o mais promissor dos encontros ou fazer com que ele aconteça.

Lembro-me da cena na qual Harvey Keitel enfia o dedo indicador sujo nos buracos da meia-calça de lã de Holly Hunter enquanto ela está sentada tocando o piano que dá nome ao filme de 1993 de Jane Campion. Tenho a curiosidade de procurar essa cena no YouTube, afinal faz mais de trinta anos que vi o filme e quero checar a fonte dessa lembrança. Com espanto me dou conta de que tinha esquecido das inúmeras cenas de desejo, paixão e sexo que os dois protagonizam e que são de tirar o fôlego. A imagem que retive foi a do primeiro encontro entre eles: enigmático, perturbador, disruptivo. Foi ela que me veio à mente enquanto escrevo sobre a sexualidade em Freud — e, ao fazê-lo, por associação, escrevo sobre a minha própria. Tenho zero interesse em pornografia, pois abomino coisas mal encenadas, e, por mais excitante que ela possa ser num primeiro momento, torna-se enfadonha e aborrecida passados dez minutos. Cenas de sexo em geral, a depender de sua obviedade, podem surtir o mesmo efeito em mim, ou seja, a falta de efeito, se não dão margem a que eu impute algum devaneio que se passa na cabeça do personagem, além do óbvio desejo de gozar. Não há palavra final sobre o que se passava com o personagem do Harvey Keitel, mas a interpretação que fiz me deixou suficientemente excitada para pinçá-la entre inúmeras outras. Cada um que faça a sua.

Meu pai não batia nos pequenos, a segunda leva de filhos. Nos três mais velhos bateu tanto quanto batiam os pais da sua geração: o suficiente para descarregar a frustração geral de ter filhos. Em minha mãe jamais, nem qualquer tipo de agressão verbal era diretamente dirigida a ela. Toda a sua raiva era deslocada para nós e para o mundo. Tampouco ela nos defendia, o que certamente teria como efeito escalonar a fúria do meu pai. Ela torcia para que aguentássemos firme a tormenta passar. Mais do que uma cena específica, pairava sobre nós um suspense de terror, no qual o perigo se avizinhava sem que nunca soubéssemos quando e por que se manifestaria. O grande terror do thriller *A mão que balança o berço*, de Curtis Hanson, não está em qualquer cena explícita do filme, mas no fato de não sabermos quais são as motivações e intenções da sinistra babá. De onde surgirá e sobre quem recairá a vingança, cuja motivação desconhecemos?

  Havia um enfeite de mesa em nossa casa que imitava um poste de luz francês, com um relógio no lugar onde deveria estar a lâmpada. Não funcionava para marcar as horas, estava torto e tinha a cabeça bamba, pois havia sido arremessado em um momento de loucura paterna. Sob o relógio havia uma placa dizendo "Rue de La Paix".

Eu disse que ele não batia em nós, mas um dia ele me bateu. Eu já era adolescente e estávamos no apartamento da praia. Era o período de férias, que eu amava, pois encontrava amigos de infância e tinha bastante liberdade para circular pela pequena cidade do Litoral Norte. Meu pai passava a semana trabalhando e descia para a praia às sextas-feiras, geralmente alcoolizado, por vezes colérico. Isso significava que durante os cinco dias da sua ausência eu era feliz. Como ele conseguia dirigir à noite naquela estrada velha sem duplicação, rodeada por abismos, naquele estado, só o diabo sabe. Então ficávamos de sobreaviso para não sermos pegos fazendo algo que ele considerasse motivo de briga, o que, a depender do seu estado de ânimo, podia ser qualquer coisa.

Não lembro com quem eu estava conversando na porta do prédio ou se ele perguntou por mim e eu não estava. Só sei que, quando cheguei, ele me levou para o quarto dele e, pela primeira e única vez, me bateu. Claro que esse ponto fora da curva se relacionava com meu corpo de criança se tornando o de uma mocinha e com o fato de ele não saber o que fazer com isso. Não me lembro de ninguém vindo ao meu socorro, estando toda a família do lado de fora do quarto torcendo para não sobrar nada para eles. Me lembro do olhar de reprovação dos meus irmãos. Não porque eles acreditassem que eu tinha feito algo que justificasse minimamente o comportamento do meu pai, mas porque eu havia escorregado na casca de banana que todos faziam um esforço extremo para evitar.

Essa cena se junta a uma anterior, aos dez anos, quando meu pai examinou, nesse mesmo quarto do apartamento da praia, um caroço que surgia no meu mamilo. Ele se recusou a reconhecer que se tratava do surgimento dos meus seios, o que justificava meu pedido para usar a parte de cima do biquíni na praia. Meu pai detestava qualquer marca de que "os pequenos", principalmente as meninas, haviam crescido, por isso a pendenga do biquíni, do sutiã. São duas cenas nas quais ele dá um jeito de não encarar o fato de que sua segunda filha está virando uma mocinha. Não sei como ele resolveu essa equação antes, com minha irmã dez anos mais velha. Nunca tive coragem de perguntar a ela.

Eu e meu pai no quarto, meus irmãos e minha mãe atrás da porta: juntos formamos uma bela cena. Em *Bate-se numa criança*, Freud se debruça sobre a questão da fantasia de espancamento de uma criança, tema recorrente na fala de pacientes neuróticos. A fantasia obedeceria a uma montagem na qual o narrador testemunha uma criança sendo espancada e, num momento posterior, é ele mesmo a criança que apanha, e culmina com uma carga ambivalente de amor e ódio altamente sexualizada dirigida ao pai: ele me escolhe, ele me bate, ele me deseja, ele me ama. Eu sou a escolhida para apanhar, para receber aquilo que aos olhos da criança se confunde com o próprio ato sexual, interpretado como a violência do pai sobre a mãe, a submissão. Afinal, a coisa que a criança pequena mais deseja, e que na adolescência vai negar com veemência, é se meter entre os pais. Foi com eles que ela aprendeu a amar, e não é nada fácil a descoberta de que não será com eles que ela viverá o amor adulto.

A fantasia de observar o sofrimento de uma criança apanhando do pai revela o prazer sádico, e se desdobra na fantasia de caráter masoquista de ter seu próprio corpo submetido ao capricho do outro. Se lembramos do bebê, cujo corpo está à mercê do cuidador, totalmente indefeso, veremos que, antes de tudo, somos — e precisamos ser — objeto do outro, que, com sorte, nos toma sob seus cuidados. Ser o objeto do outro, experiência que tanto nos apavora quanto nos dá prazer, é nossa primeira posição no mundo. Ainda assim, nos rebelamos desde o começo, com nossa recusa em dormir, defecar e comer quando o outro quer. Os pais conhecem bem o poder dos bebês de se furtarem ao seu desejo.

O caráter sexualizado dessas fantasias revela a relação erótica e ambivalente que a criança estabelece com seus cuidadores principais. Freud dá maior relevância a essas fantasias, que acometem a todos nós, do que à sedução real, bem mais rara. Quer dizer, nem todo mundo sofreu um abuso de fato, mas a fantasia de ter sido seduzido é parte intrínseca dos primórdios. Enquanto bebês, nossos corpos estiveram à mercê dos cuidadores e foram passivamente escrutinados. Nesse sentido, o encontro com a sexualidade — como entendida pela psicanálise — seria traumático em si mesmo, havendo abuso ou não, porque o sexual é sempre excessivo. Já o traumático, para a psicanálise, é mais complexo do que a ideia que circula no senso comum. Ele diz respeito a tudo que é intenso demais para nossos parcos recursos simbólicos e não cessa de tentar ser elaborado, ainda que fracasse. A rigor, o simples fato de estarmos vivos é demais para nossa capacidade psíquica de inscrição simbólica.

Demorou para eu entender que todas as famílias lidam à sua maneira com a desmesura do sexual, e que não importa quão bem cuidado seja o tema, não há como eliminar seus restos, sempre pulsantes. O mito de que tudo estaria resolvido apresentando para as crianças o "caminho suave" da educação sexual por meio de livros e conversas edificantes me perseguia antes da psicanálise e continua perseguindo os pais da minha geração. A clínica não para de testemunhar os efeitos dessa "paixão pela ignorância", que anda pari passu com a busca por tudo entender.

Usamos a percepção da diferença sexual para tentar dar conta do desamparo no qual a sexualidade nos joga, pois não temos como controlar algo que nos constitui. O gênero, enquanto estrutura de poder, é uma das formas de tentarmos enquadrar a besta-fera que nos habita, atribuindo desejos e comportamentos às diferenças corporais. Dividir o mundo entre homens e mulheres, heterossexuais e homossexuais, cisgênero e transgênero via reforço de estereótipos serve para transmitir de forma inequívoca a hierarquia a partir da qual se define quem manda em quem, quem mata quem, quem ganha mais, quem pode mais. Com isso busca-se dar ordem ao caos, que nos angustia por não termos controle sobre a permanente deriva de nossa sexualidade.

Para a psicanálise, nossos corpos são colonizados pela linguagem. A expressão "língua materna" é sugestiva daquilo que nos insere no simbólico e que se dá a partir de um cuidado carregado de afeto e paixão. Os cuidadores principais — muito frequentemente a mãe, mas não só — introduzem a linguagem a partir de olhares, toques, cheiros e sons, nos marcando com o sabor afetivo da língua, através da qual entramos no campo do humano. Recuperamos isso na poesia, que nos faz vibrar, e na qual o sentido corriqueiro das palavras é subvertido em favor do prazer.

Meu pai não aguentava que transicionássemos de meninas a mulheres. Escrutinar e bater no corpo que se rebelava contra sua aspiração de controle foram as formas que encontrou para tentar lidar com sua angústia diante do incontrolável. Quando um homem divide o mundo entre santas e putas, fica difícil saber em que lugar colocar as próprias filhas: teme a autonomia do seu desejo, o lugar da puta, ao mesmo tempo que aspira a que elas sejam suficientemente atraentes aos olhos dos homens que as assumirem como esposas. As filhas são motivo de orgulho ao serem disputadas, mas sob a condição de se tornarem recatadas e do lar, pois sobre elas paira a ameaça de que o desejo feminino ponha tudo a perder. Para meu pai, era melhor que fôssemos eternas crianças, então.

Embaixo da marquise do Museu de Arte de São Paulo acontece a famosa feirinha de antiguidades. Não sou dada a compras, que dirá de antiguidades, mas me pus a procurar um objeto muito específico, que deveria, segundo uma ideia que me ocorreu repentinamente, ocupar um lugar de destaque nas paredes da sala da casa, quando ela estiver pronta.

Trata-se da *colher furada*, aquela que teria sido deixada pelo meu avô para o meu pai, o mais ressentido dos filhos dele. Não que meu pai se queixasse do dito utensílio, pelo contrário, ele gostava de se gabar de que seu amor pelo meu avô não era ganancioso como costuma ser o dos herdeiros. Para prová-lo, o objeto herdado não deveria ter valor comercializável, sendo apenas um gesto simbólico.

A colher furada foi se tornando uma questão para mim ao longo da vida, o que me levou a buscar a confirmação da sua existência com meu irmão. Tratava-se de um objeto palpável — cuja história, como tudo que se relaciona com os registros da minha família, parece fadada ao apagamento — ou de uma metáfora? Confirmada sua existência e seu desaparecimento, saí à caça de um objeto similar ao pretenso artefato, o que me obrigou a imaginar e decidir a respeito de seu formato, material e condições, uma vez que eu teria que criá-lo. Lembrei de Indiana Jones diante de pretensos cálices sagrados, tendo que imaginar qual seria o Santo Graal. Usando um raciocínio simples, ele descarta todas as taças vistosas, carregadas de ouro e pedras preciosas, que não seriam condizentes com os bens acessíveis a um pobre carpinteiro. Pensei que, em função da data na qual se dá a trama que pretendo reconstruir, a colher só poderia ser de prata. O material justificaria sua importância e o furo, seu excessivo uso, certamente transgeracional. Como se trata de um pertence do meu avô, arrisco dizer que veio em sua bagagem quando ele emigrou do sul da Itália para o Brasil. Então, a missão é encontrar uma colher de sopa de prata tão desgastada pelo tempo que seu fundo rompeu, fazendo dela, junto com o garfo sem dentes e a faca sem corte, uma ode ao nonsense. Nada mais apropriado do que esse objeto para falar daquilo que se transmite entre pais e filhos: um furo, uma falta, um vazio a partir do qual criamos algo.

Sigo em busca do talher-fetiche que meu pai usou para anunciar aos filhos que, por mais que viesse a ficar rico, eles não deveriam contar com sua herança, porque ao fazê-lo estariam revelando seu desamor por ele. Como era de se esperar, nessa tragicomédia, o inventário de bens deixados pelo meu pai é um imbróglio insolúvel, no qual os filhos de suas duas famílias tentam dividir aquilo que o morto preferia que fosse declinado, como prova de amor. Tendo negócios partilhados com meu tio, com quem vivia às turras, sobrou também a disputa dos primos para definir qual dos dois era o filho da puta e qual estava coberto de razão. Já se passaram duas décadas desde que essa cena foi armada, e os herdeiros continuam a lutar pelo que têm de direito, ignorando o fato de que meu pai fez de sua herança uma gincana na qual perdem os que tentam ganhar. Dou-me conta, então, de que ser herdeira de meu pai é ser a feliz proprietária de uma colher furada, com o detalhe de que nem esta chegará a mim, me obrigando a inventá-la.

Os livros que meu pai comprava, minha mãe fez questão de vender assim que mudou de casa, pois não imaginou que os filhos poderiam querê-los. Essa é a prova de que os livros eram importantes para ele e não para ela. Quando me mostrei interessada, já era tarde demais, eles tinham sido vendidos para um sebo, e, se eu quisesse recuperar algum, teria que comprá-lo, o que para mim soou aviltante. Mal escrevo estas linhas e me pego, mais uma vez, procurando na internet um exemplar em capa dura da *Divina comédia*, cujas imagens me assombraram na infância, mas não consigo ter certeza, entre as opções disponíveis, de qual era exatamente. Desanimo quando percebo que não quero um exemplar igual ao que tínhamos em casa, mas sim o próprio livro, aquele de cuja capa de couro marrom ainda posso sentir o cheiro. Essa lembrança é uma das coisas que ele me deixou.

Mudamos do sobradinho no Aeroporto para uma casa na Granja Julieta, motivo de grandes expectativas para todos nós, que vimos nessa passagem uma conquista do nosso pai. A casa era grande, com quartos para todos: chega de berço no quarto do casal, bicamas ou quarto improvisado sobre a lavanderia. Nos mudamos para essa casa quando meu pai começou a ganhar mais dinheiro, época em que mandou os mais velhos passearem no exterior e na qual motos e carros novos desfilavam na garagem.

A rua nova acabava numa das entradas da hípica de Santo Amaro, que frequentávamos sem sermos sócios, para brincar nos campinhos de lama que circundavam as instalações do clube. Também eram lá os bailinhos de sábado que chamávamos de mingau, por serem para menores de idade. Vivi nessa casa dos meus oito aos treze anos, sendo essa a casa em que meu irmão mais velho morreu, e da qual, logo em seguida, fomos despejados. A grande conquista do nosso pai se tornou, em cinco anos, um pesadelo. Dizia-se que ele teria sido fiador de um amigo que não honrara o compromisso, mas o fato é que meu pai não conseguiu saldar a compra da casa, que talvez tenha sido penhorada por dívidas da empresa. Uma vez despejados, fomos morar de favor num apartamento atrás do Masp, do lado do Centro, emprestado por uma tia querida que morava no Tatuapé. Era a viúva do meu tio Francisco, que a deixou com quatro filhos. Eu gostava muito dessa tia, que, como nas novelas brasileiras, fazia parte do núcleo popular da família. Eu ia dizer "do núcleo pobre", mas, na ocasião, os mais pobres éramos nós.

Essa parte da família era um verdadeiro clichê das famílias de origem italiana que se instalaram entre o Brás, o Tatuapé e a Mooca. Eles moravam na antiga casa de meus avós paternos, onde meu pai havia vivido quando jovem. A casa do Tatuapé não existe mais, e dos seus habitantes só uma prima continua viva. Tratava-se de um sobradão dos anos 1920, com direito a piso rangente de madeira no andar de cima e edícula. A cozinha tinha o dobro do tamanho da sala de estar — que pouco se frequentava —, revelando o centro nevrálgico do imóvel: a imensa mesa de jantar, onde comemoramos inúmeros aniversários com pão de ló coberto com glacê de claras e pêssegos em calda. Minhas primas eram mais velhas e eu as considerava como tias. Minha tia, por sua vez, era uma versão divertida da minha mãe: recatada e do lar — não tão bonita —, mas despachada e simples. Tinha amigas pelo bairro e não perdia um velório. A família de origem dela, suas cunhadas e sobrinhos eram adoráveis e nos tratavam com muito carinho. A doçura era a tônica e contrastava com o gosto pela atualização do obituário e das fofocas moralistas sobre as pessoas conhecidas do bairro e da família. Não lembro de nenhuma conversa sobre o mundo que fosse para além dessa pequena comunidade. Vínhamos da Zona Sul para a Zona Leste e não faltavam comentários presunçosos sobre essa parte da parentela, numa tentativa pífia de desqualificá-los. Essa era uma estratégia recorrente do meu núcleo para disfarçar nosso próprio embaraço. Éramos nós a parte trágica da família, tentando compensar esse fato com a ascendência econômica e social; mais para a frente, nem isso teríamos como compensação. Havia um quartinho no fundo do quintal que funcionava como depósito e do qual tínhamos medo. Ele não tinha janela e eu nunca o via aberto. Depois vim a saber que havia sido o quarto do meu pai.

Eu tinha treze anos, meu irmão já havia falecido; minha irmã mais velha se casou numa cerimônia discreta, que me soou melancólica, alguns meses depois. Apesar da idade, não me lembro em absoluto do despejo. Desconfio das imagens que me vêm à mente, como se fossem fabricadas. Meu pai não podia ter nada por muito tempo, e assim foi.

Só com o nascimento dos meus primeiros netos, filhos da minha enteada, é que pude testemunhar no dia a dia o que seria uma educação suave, paciente e acolhedora. Seja pela época em que a minha se deu, na qual bater e gritar eram práticas corriqueiras que não escandalizavam ninguém, seja pela violência específica da minha família, eu não achava possível educar sem alguma dose de destempero. Foram minhas filhas que, podendo expressar suas ideias e afetos para mim sem medo, me ensinaram a controlar meu temperamento angustiado e por vezes colérico. É muito custoso — e a análise foi crucial nesse aspecto — interromper a transmissão da violência doméstica, que, misturada ao amor e ao erotismo, segue de geração em geração. A culpa de me reconhecer uma mãe diferente daquela que eu achava que deveria e poderia ser era avassaladora e só levava a mais impaciência, num ciclo que eu reconhecia bem. Nunca fui uma mãe violenta, mas sou capaz de assumir os lugares por onde os traços da minha ascendência escapavam: a impaciência, o grito, a expressão furiosa.

Nunca duvidei do amor do meu pai por nós, mesmo sendo muito ambivalente, mas era impossível confiar em seu desejo, marcado pela destrutividade. O despejo foi, depois da morte do meu irmão, uma das marcas desse desejo. Um dia, numa festa de confraternização, no auge da adolescência das minhas filhas, quando todas essas questões estavam na pauta do dia, uma colega de classe perguntou a elas que tipo de mãe eu era. Pergunta embaraçosa e arriscada de se fazer em público, e cuja resposta eu não sabia se estava preparada para ouvir. Alguns segundos excruciantes depois, a mais velha respondeu:

— Minha mãe erra, mas reconhece e pede desculpas. Ela é confiável.

Meu pai tinha aquela telepatia que imputamos aos loucos, sintonizando o inconsciente alheio como uma antena de rádio e agindo conforme o que imaginava captar. Eu tentava fugir do seu olhar inquisidor, dessa intuição sem filtros, que lhe permitia acertar na mosca. Foi assim que ele me perguntou do nada se eu estava grávida, aos dezoito anos, sem saber sequer que eu namorava. Eu neguei, claro! Estava nas primeiras semanas de atraso menstrual e juntando dinheiro para pagar um aborto numa dessas clínicas-pesadelo que as adolescentes procuram sem ter certeza se sairão vivas, presas ou mutiladas. Não tive coragem de falar nada com nenhum dos meus irmãos por medo de prejudicá-los, caso algo desse errado, e por medo de que tentassem me impedir. Eu e meu namorado na época pedimos dinheiro emprestado aos pais de um amigo e fomos pagando do jeito que deu. Eu quitei minha dívida regiamente, em prestações, com meu salário de auxiliar de professora. Meu namorado, um cara com quem empatei quatro anos da minha adolescência, pagou a parte dele vendendo a contragosto seus equipamentos de mergulho. Só lembro do prenome do amigo que nos ajudou, mas sou grata a ele e a seus pais, por assumirem uma posição ética dificílima.

Foi assim também quando recebi flores, cujo cartão meu pai não tocou — não fazia seu tipo vasculhar nossas coisas.

Ele foi categórico em afirmar que esse moço, sim, era legal, embora não tivesse como saber de quem se tratava, pois na época eu namorava um cara de quem ele não gostava, outro mala. E ele tinha razão, eram flores enviadas pelo meu primeiro marido, com quem eu estava saindo antes de terminar oficialmente com o namorado anterior. Foi assim também quando cheguei quieta em casa um dia, sem dizer uma palavra, e ele perguntou do nada, consternado:

— O que aconteceu com você, filhinha?

Eu tinha sido assaltada, mas, como estava fazendo uma das minhas greves silenciosas com meu pai, não pretendia que ele soubesse de nada. Comecei a chorar imediatamente e recebi um abraço, que me volta à memória sempre que procuro acolher o desamparo das minhas filhas. Meu pai deixou essa coleção de afetos e espantos para eu digerir.

Nas festas do Rotary Club, do qual meu tio era um membro entusiasta, e em casamentos de amigos — eventos que meus pais frequentaram até a morte do meu primeiro irmão —, o ponto alto eram as conversas sobre as roupas da minha mãe. Apesar de levar uma vida para a família, não ter amigas nem ser íntima das cunhadas, ou seja, estar basicamente fora do circuito feminino, ela era famosa por se vestir excepcionalmente bem para essas ocasiões. Comentários sobre sua entrada nas festas povoaram minhas fantasias. Eu tinha acesso a essas roupas, como o par de sapatos, o chapéu de abas largas e o vestido de corte geométrico forrados com o mesmo cetim roxo escuro, bem ao gosto dos anos 1970, que em minha memória ainda parecem lindos. Mesmo depois de seis filhos e um marido de doer, minha mãe conservava uma silhueta que permitia que qualquer roupa lhe caísse bem. Como as mulheres da sua geração, ela sabia costurar muito bem, e sabia escolher tecidos e cortes. Além disso, recebia revistas de moda e sobre prendas domésticas que a conectavam com o mundo de fora, as mesmas que parecem ter abarrotado o mercado editorial da época, e nas quais as dicas para seduzir maridos e cuidar dos filhos — e maridos — abundavam. A elegância e a beleza da minha mãe, contra todas as expectativas de uma existência tão árida, se mantiveram ao longo da vida.

Quando ela estava beirando os setenta anos, fiz uma festa em minha casa para anunciar que estava grávida, ciente de que a chegada da próxima geração trazia alento, dando um refresco para a melancolia familiar. Meu pai tinha se reorganizado no trabalho, comprado um apartamento; meus irmãos tinham suas próprias famílias e algo havia se aquietado na relação entre matriz e filial, embora todos fossem cientes de sua dupla existência. Eu me lembro de ter achado minha mãe especialmente bonita nesse dia, num vestido de renda grená que marcava sua cintura e seu quadril. Quase sem maquiagem, nada além de batom e pó de arroz, unhas bem-feitas e permanente nos cabelos brancos, ela continuava atraente.

Meu pai ainda era um homem forte, estava numa fase de abstinência de álcool e parecia feliz em ser recebido na casa de uma das filhas, que — como todos sabiam, mas fingiam que não — anunciaria sua gravidez. Era como se pudéssemos pôr a cabeça para fora da sina familiar, voltar a respirar e ter uma vida normal. É bom poder lembrar que houve um tempo no qual os planetas se alinharam, de forma que todos nós nos recuperamos o suficiente das primeiras perdas para poder seguir. Foi uma fase em que nos víamos regularmente nesses encontros de família. Se não tínhamos muita afinidade de opiniões e costumes — às vezes, nenhuma —, tínhamos o *léxico familiar* que nos aproximava uns dos outros.

A gravidez anunciada na festa foi perdida três meses depois, num aborto espontâneo que me abalou profundamente. Dois anos mais tarde, quando finalmente tive minha primeira filha, meu pai teve um AVC, exigindo que minha mãe cuidasse dele de forma mais ostensiva.

Nos anos 1960-70, famílias hippies coexistiam com as mais reacionárias. Com exceção da influência psicodélica na moda, que atingiu a todos — para o bem e para o mal —, minha família se encontrava no espectro conservador. Além disso, ter nascido quando meus pais entravam na casa dos quarenta me proporcionou uma educação em moldes antiquados até para a época. Falar sobre mudanças no corpo, sexo ou modelos alternativos de família era impossível entre nós. Circular na casa de vizinhos mais antenados com as novidades da época era como fazer uma viagem no túnel do tempo. Uma mãe que fumava, trabalhava fora, dirigia, ia ao clube sozinha e tinha amigas soava ousado para mim. Mas, mesmo entre essas mulheres, apequenar-se perante os homens era o mais comum, numa tentativa perene de manter a figura masculina preservada. Fui criada para acreditar que uma mulher precisava de um homem como fiador, mesmo diante da evidência de que meu pai mal dava conta de si mesmo.

Em *Jogo justo*, de Chloe Domont, de 2023, um casal sexy, talentoso e apaixonadíssimo é devastado pela rivalidade profissional. O filme revela algo que ouço na clínica passados cinquenta anos da educação antiquada que tive: as mulheres, num esforço enorme para não deixar transparecer a fragilidade de seus companheiros, se diminuem com medo de fazer sombra a eles e perderem seu amor. Não raro, quando isso acontece, os homens as trocam por outras em posições sociais ou culturais abaixo da ocupada por eles. Mas o desfecho do filme traz algo novo, já devidamente atravessado pelo movimento #MeToo: nem todas as mulheres estão deixando esse tipo de alienação passar impune.

Quando me vi recém-divorciada com uma filha de nove meses e outra de quatro anos, descobri do que eu era capaz sozinha, sem o guarda-chuva do casamento. Foi a duras penas que abri mão da fantasia de que estar ao lado de um homem bastaria. Mais do que reconhecer minha competência emocional ou intelectual, tratava-se de descobrir se eu seria capaz de quebrar o encanto segundo o qual haveria alguém que, acima dos demais, garantiria algo, um fiador. Ideia na qual se sustenta a crença em Deus, fiador dos fiadores, de cuja existência não paramos de procurar exemplos à nossa volta. Pode ser um marido, um amigo ou um presidente, tanto faz.

Mas, como estamos todos improvisando sobre o mesmo vazio, quem se arvora nesse lugar de poder é um impostor. É disso que se trata o fim de uma análise, a perda de algo que lamentamos perder sem nunca tê-lo tido de fato. Mais um dos nomes da nossa "paixão pela ignorância".

Meu ex-marido era um cara bacana, com uma carreira promissora. Tivemos nossas filhas depois de muitos anos juntos, num momento em que entendíamos que ter filhos respondia a nosso desejo comum. Havia amor, havia estabilidade financeira, havia um projeto de família. Mas também havia os fantasmas e suas correntes, a neurose de cada um e os não-ditos.

Montar uma família significa rever os bastidores da família de origem, algo como cutucar a onça com vara curta.

A maternidade me pirou da forma prevista. Mas não prevista por mim, claro, que me achava com absoluto controle sobre o que viria a ocorrer. A aposta no amor por uma criança recém-nascida e desamparada, cujo cuidado dependia inteiramente de dedicação, era a garantia de que não lhe faltaria nada. Afinal, eu estava disposta a fazer qualquer coisa para protegê-la e criar o "ambiente suficientemente bom", oferecido pela "mãe suficientemente boa", preconizado pela psicanálise winnicottiana. Ainda não existia para mim Lacan, e as palavras "bom"/"boa", com toda a sua carga moral e piedosa a partir de uma leitura absolutamente ingênua, vinham responder a meus anseios megalomaníacos. Onde Winnicott fala da mãe suficientemente boa — cuja leitura parece recair sempre sobre *boa* e nunca sobre *suficiente* —, Lacan introduz a mãe suficientemente mulher. Para que uma mulher cumpra sua função junto à prole, é fundamental que ela seja mais mulher do que mãe, que continue a ser um sujeito desejante. Minha mãe era um exemplo acabado da lógica oposta a essa, a dos anos 1950, que obrigava as mulheres a se encolherem a ponto de ser tornarem apenas mães. Algo impensável no mundo masculino, no qual um homem é sempre mais que um pai.

Meus pais nunca contrataram babás para nós, mesmo quando havia condições financeiras para isso. Em nossa casa era inadmissível que alguém além da minha mãe cuidasse dos filhos ou da comida. Dois lugares que só cabiam a ela, num arranjo pouco usual para quem chegou a ter três faxineiras em um dado momento. Babás são, por excelência, o patrimônio materno nacional onipresente e invisibilizado. Em nossa família, no entanto, a invisibilidade deu lugar à ausência real: elas não poderiam sequer existir. *Mãe só tem uma*, deve ter sido o lema que imperou entre nós. Justo para minha mãe, que teve uma que a pariu e duas que lhe ofereceram cuidados, minha avó e minha bisavó... Não tenho dúvida de que ela sonhava com ajuda para cuidar de nós. Éramos tantos que os mais velhos se ocuparam dos mais novos. Dava para sentir quão extenuante e pouco gratificante era se ocupar da casa, dos filhos e do marido. Mas, para os meus pais, o desconforto diante dos de fora parecia ser maior. As cenas domésticas eram constrangedoras e só a família nuclear era confiável. Os outros eram depositários da nossa paranoia.

Seria possível ter uma família bacana e uma maternidade bacana, diferente daquela experimentada pelos meus pais? Talvez, mas os pratinhos dessa ambição começaram a cair desde a minha primeira gravidez, que culminou com um aborto espontâneo. Na esperança de tudo controlar, o imponderável era lido como a confirmação de um destino terrível e inexorável.

Minha ideia não era nada original: ser para minhas filhas o que não haviam sido para mim. Como dizia a psicanalista Piera Aulagnier, parir a si mesma e ser uma mãe melhor do que a que se teve. Não é difícil imaginar o grau de ansiedade envolvido nessa fantasia de reparação. Ainda que essa expectativa faça parte da aposta de ter filhos, no meu caso, e como pude acompanhar inúmeras vezes no consultório, era carregada de uma distorção considerável sobre a natureza da maternidade.

A fantasia de começar tudo do zero quando se forma uma família é comovente e furada. Ter uma família é, por definição, transmitir a bagagem de uma geração para outra. Seja genética, psíquica ou socialmente, a nova geração se faz a partir da anterior, não importando quão diversas sejam as configurações familiares (adotivas, homoafetivas, com mais de dois cônjuges, convencionais...), todos teremos que nos haver com o passado de onde emergimos. Negar é a pior forma de lidar com essa herança, que só poderá ser elaborada na medida em que pudermos encará-la. Ninguém tem família "ficha limpa", se puxarmos a capivara sempre encontraremos esqueletos no armário. Mas eles viram assombrações, maldições, na medida direta da impossibilidade de os assumirmos, nomearmos e compartilharmos. A entrada na maternidade e na paternidade acionou todos os botões de alarme em nós, e o casamento se tornou insustentável. O sobrepeso da parentalidade se mostrou uma prova pela qual não tínhamos recursos como casal para passar.

Freud chamou de *teorias sexuais infantis* as hipóteses que produzimos a partir da pergunta "De onde viemos?". A princípio ele se refere às intrincadas elaborações que as crianças fazem diante dos fatos da vida, e depois prova que nos adultos elas continuam a operar, pois a lógica e o conhecimento racional cedem à fantasia inconsciente. Essa é uma outra forma de dizer que a infância passa, mas o infantil não. Seguimos criando sintomas que revelam que as fantasias inconscientes nos regem mais do que nossa vã filosofia.

Nessa trama sobre as origens, as mulheres encarnam, inadvertidamente, uma suposta resposta para esse enigma, resposta que elas não têm, nem sobre si mesmas, nem sobre os corpos que eventualmente engendram. A busca pela origem é velada pela miragem da *mãe*. Esse lugar que a mulher ocupa no imaginário é uma pista falsa, porque o corpo de onde nosso corpo emerge não responde a quem somos.

Passei anos de análise tentando ler o que estaria escrito no bilhete dentro da garrafa que minha mãe jogou ao mar quando escolheu meu nome — o mesmo que ela passou a ostentar por ocasião do seu casamento —, bilhete que desvendaria "o umbigo do sonho". Para Freud, esse era o ponto limite do inconsciente, no qual a estrutura de linguagem que produz as imagens oníricas tocaria naquilo que está para além dela, não passível de simbolização. Do inconsciente, como o próprio nome diz, não temos conhecimento; só temos acesso a suas emanações, a que chamamos de *formações*. Lacan dará um passo adiante ao afirmar que só existem as *formações do inconsciente*, e que elas estão aí dando bandeira o tempo todo, não precisando ser escavadas em um pretenso exercício arqueológico, como queria Freud. Elas estão mais para um isopor subindo insistentemente à superfície da água, o que nos leva ao esforço constante de tentar disfarçá-las para nós e para os outros. Disfarçamos os lapsos, os sonhos, os sintomas, os atos falhos e os chistes, fingindo que eles não têm nada a dizer sobre nós. O umbigo do sonho é uma imagem bonita, que só aparece duas vezes na escrita de Freud: em *A interpretação dos sonhos*, uma delas em nota de rodapé. Desde então foi reproduzida à exaustão, pelo valor metafórico de associar a origem do simbólico à origem do corpo, na imagem do umbigo. A outra alusão à mãe em Freud está no uso da *língua materna* para nomear a primeira língua, a que nos constitui como sujeito.

    A imagem que formulei dessa mãe mítica em análise era a de uma nuvem de onde eu teria saído para me deparar com o fato de que eu existia. Haveria um antes, dentro da nuvem, mas ele seria pura inconsciência, seguido de um despertar, no qual me pergunto onde eu estava até então. E a resposta é tão etérea quanto a ideia de um vapor.

    A *mãe como pista falsa*, que ignora que somos apenas mulheres nos perguntando sobre a nossa própria existência, faz crer que haveria uma resposta final sobre quem somos e sobre a razão última de estarmos aqui. Ela teria a palavra final sobre a primeira palavra, a que teria dado origem à série dos significantes que me constituem psiquicamente, as palavras que me nomeiam: sou isso, sou aquilo. E essa palavra travestida de amor, disputado com unhas e dentes tanto com minha irmã mais nova quanto com meu pai, diria quem eu sou.

Do meu pai, eu queria saber o que ele esperava de uma filha, de uma mulher. Criada para casar virgem e me submeter ao marido, não passava despercebida aos meus olhos a admiração que ele nutria por uma prima médica, a única pessoa que ele deixava que o tratasse. Admirava mulheres que se impunham contra todas as expectativas, dizendo que eram mais corajosas do que os filhos homens. O velho atirava para todo lado, revelando expectativas ora de submissão feminina, ora de insurgência. De fato, gostava de ver o oprimido se rebelar e chegava às lágrimas quando via um gesto de grandeza e magnanimidade que beneficiasse os subalternos. Tudo isso convivia com a intolerância a qualquer coisa que contrariasse suas ordens — me fazendo experimentar, desde muito cedo, a inconsistência da qual somos feitos.

Coube a cada uma das filhas decidir qual posição assumir nesse tiroteio. Lidar com as memórias de meu pai em análise, embora fosse sofrido, era jogar limpo. A loucura, a sedução, a injustiça, a maldade, a ternura, o amor e a inteligência dele eram evidentes.

Reconhecer as estratégias e os sintomas que eu havia criado para dar conta disso tinha um lado epifânico e libertador. Lidar com a mãe era de outra ordem: o umbigo do corpo, o umbigo do sonho e a língua materna confundidos como próprios fatos da existência.

Minha avó era uma mulher dos anos 1920, e tento imaginar como ela tratou de questões como masturbação, menstruação, prazer, sexo, concepção, parto, os ditos assuntos femininos, com sua única filha. Sei, por exemplo, que, prestes a parir o primeiro dos seis filhos, minha mãe não tinha a mínima ideia de que a bolsa se romperia, e, quando isso aconteceu, já deitada na maca sentindo as lancinantes dores do parto, achou que estava banhada em sangue e perdendo seu bebê. As histórias dos partos dela sempre foram mal contadas e um tanto trágicas. Mas será que algum parto pode ser realmente transmitido?

Dos filhos mais novos de minha mãe — a leva da qual faço parte —, meu irmão nasceu um ano e um mês antes de mim, o que significa que ela engravidou de mim quando ele tinha quatro meses. O parto do meu irmão é contado como um show de horrores, pois ela estaria se recuperando de uma cirurgia de bexiga, e durante o processo de dar à luz os pontos teriam arrebentado. Imagem dantesca aos olhos de uma menina, por estar associada à grande fantasia das mulheres de serem arrebentadas na passagem do bebê pelo estreito canal vaginal. A conta dessa versão dos partos não fecha, pois o meu, ocorrido apenas um ano depois, teria sido tranquilo, o que é no mínimo curioso. O único detalhe é que, na hora de ir para a maternidade, na saída do sobradinho, minha mãe teria tido uma vertigem e quase rolado escada abaixo. Gosto de imaginar que minha hesitação toda vez que coloco o primeiro pé na escada rolante tem a ver com essa história. Mas nem tenho certeza de que ela se refere à memória do meu parto ou do de algum de meus irmãos, deixando essa quase queda da escada entre meus espantos.

A caçula nasceu um ano e oito meses depois de mim, portanto minha mãe se viu grávida novamente quando eu tinha nove meses. Minha irmã estava atravessada dentro da barriga, em vez de encaixada, obrigando minha mãe a passar por uma manobra dolorosíssima e arriscada na qual, com massagens no útero em meio às contrações, se desloca o bebê dentro do exíguo espaço uterino do nono mês. Juntando isso com o parto do primeiro filho, no qual ela acreditou que a água da bolsa era sangue, fica difícil acreditar que minha mãe tenha tido qualquer experiência gratificante com a parturição. Tratava-se de uma época na qual a maioria dos partos era feita por via vaginal, mas em condições violentas.

Tudo o que vinha dela, do corpo dela, da fala dela, me causava grande assombro, e escutá-la contando essas experiências me impressionava muito. Quando chegou a minha vez de parir, o parto cirúrgico já tinha se tornado a regra nas maternidades brasileiras, empurradas por uma medicina inescrupulosa, o que, para mulheres como minha mãe, que tinham comido o pão que o diabo amassou para parir, podia soar como um alento. Quem ia querer ver as próprias filhas passarem por esse calvário e sem anestesia? A depender da experiência pregressa, pode ser incompreensível para certas mulheres que suas filhas optem por partos vaginais. Não era de estranhar, portanto, que a geração seguinte abraçasse a oferta das cesarianas com grande entusiasmo. Uma cirurgia implica anestesia, passividade e, quem sabe, até hora marcada, permitindo fugir das contrações antes mesmo que elas começassem e prever toda a logística da chegada. É claro que o produto parece perfeito, mas só se ignorarmos os riscos inerentes a qualquer procedimento cirúrgico e o fato de que o puerpério nesses casos acontece na convalescença de um pós-operatório.

Quando chegou a minha vez de parir fiquei obcecada em saber tudo sobre o assunto, buscando fugir das cesáreas desnecessárias e dos partos vaginais mal assistidos. Mas logo descobri que entre o plano e o imponderável sempre falta combinar com os russos.

Tenho consulta marcada no obstetra e minha barriga de nove meses me antecede em uns quarenta centímetros, fazendo de mim uma espécie de tartaruga invertida prestes a explodir. O médico me examina com a condescendência de quem acha que já viu e sabe de tudo, mas se surpreende ao constatar que já estou em trabalho de parto. As contrações que eu vinha sentindo nas últimas horas eram, na verdade, *as* contrações, aquelas que você passa meses esperando que cheguem, mas, quando de fato chegam, não reconhece. Ou ainda pode acontecer, como fora meu caso poucos dias antes, de você arrastar marido e doula para a maternidade de madrugada, jurando que vai parir, para descobrir que se tratava de um falso trabalho de parto. Considero essa experiência, um pouco vexatória e um pouco fofa, o ensaio geral para se certificar de que está todo mundo esperto e para saber com quem poderemos contar de fato. Passamos no teste.

O médico e o marido olhavam com admiração entre as minhas pernas e me contavam que já dava para ver o cabelo da Gabriella, envolto no saco amniótico, se insinuando pela minha vagina. Fui convidada a observar por um espelho estrategicamente posicionado essa primeira imagem inesquecível do corpo que em breve se desprenderia do meu para sempre. Tudo se resumia a como fazer com que esse evento fosse o menos doloroso e o mais seguro possível. Tratava-se também de atravessar o umbral a partir do qual se descortinaria o segredo da Grande Mãe Mítica Detentora dos Mistérios da Feminilidade e da Existência Humana. Um processo iniciático que faria de mim A Mãe: era esse o subtexto da fantasia, não admitido nem para mim mesma, e com o qual eu teria que lidar depois.

Saímos da consulta com um combinado simples: o casal vai para casa, pega a malinha, dá entrada na maternidade, chama a doula; o obstetra vai almoçar, fica monitorando por meio das enfermeiras e chega para coroar o parto vaginal.

As pessoas se dividem entre os que são obcecados com o horário, escravos do relógio, e os que negam os limites do tempo cronológico, fingindo que ele vai se render aos seus desejos. Entre esses extremos há de tudo, mas, quando formamos casais, as preocupações costumam funcionar como uma gangorra, cada um considerando que o outro exagera, intensificando as diferenças. Tudo isso para dizer que, na hora da angústia, eu queria correr para a maternidade e meu ex-marido, se apoiando na fala do médico, achou melhor passar no trabalho dele antes de se confinar no hospital.

Lembrando que essa é uma história pré-celular, pré-Waze, pré-aplicativos de medir contrações e demais ferramentas que nos servem de ego auxiliar. Depois de algum tempo aguardando, dei um ultimato e disse que iria sozinha. Ele ficou contrariado, mas cedeu.

No meio do caminho, um acontecimento perturbador esfriou minha espinha: meu útero se contraiu e, a partir daí, não relaxou mais. Não havia como contar contrações porque elas se tornaram uma só, ininterrupta. Dei entrada na maternidade tremendo da cabeça aos pés, numa descarga de adrenalina inédita. A enfermeira, que deveria ir avisando o obstetra se dava para ele pedir sobremesa, café e charuto ou se ele já tinha que pedir a conta e vir, disse algo como "Saia sem pagar". O médico, que ainda tentou argumentar que se tratava de um parto natural e que eu provavelmente estava caminhando para o expulsivo e blá-blá-blá, só entendeu o recado quando soube que o batimento cardíaco da Gabriella estava a um terço do esperado. Nem tive tempo de ficar angustiada, completamente entregue à experiência da *partolândia*, até que meu obstetra, visivelmente nervoso, se materializou alguns minutos depois ao meu lado, avisando que faríamos uma cesariana de emergência. Respondi que tudo bem, como quem já está alguns drinques na frente. Feitos os preparativos em tempo recorde, a ponto de o assistente ter ficado com a roupa do avesso, dada a pressa em se vestir, foram descobrir in loco o que se passava. Da primeira incisão espirrou um sangue que não deveria estar na cavidade uterina e que só não havia escorrido pelas minhas pernas porque a cabeça do bebê já estava tamponando a saída. Veredicto: descolamento de placenta, ou seja, o bebê estava ficando sem oxigênio. Assim que ela foi retirada de mim, o pai, angustiado, seguiu-a junto ao pediatra neonatal. Silêncio dos infernos, nada de ela chorar. Até que ele disse:

— Chora, filhinha. Gabriella, a mamãe quer ouvir seu choro.

O pai pediu e a Gabriella atendeu, tirando, com seu choro estridente, o terror que havia se instalado naquela sala.

Qualquer circunstância um pouco diferente, um farol fechado a mais, poderia ter impedido que essa história fosse contada por mim. Esse fato me assombrou por anos, como se houvesse uma vida paralela onde o fracasso do meu corpo tivesse sido fatal para ambas. Por sorte e precisão da equipe não houve sequelas físicas, apenas a duríssima experiência de reconhecer-se frágil e falível. Para quem pretendia proteger a filha de tudo e de todos, o começo foi uma lição de humildade excessivamente traumática.

A chegada da segunda filha foi planejada, uma expressão que ouvimos muito no consultório e que escamoteia o fato de que o que o consciente planeja nem sempre orna com o desejo inconsciente. Enquanto decidíamos qual seria o melhor momento de completar a família com mais um membro, evitávamos encarar a deterioração do relacionamento. Nosso desejo de ter outro filho, de criar irmãos — questão importante para os dois —, foi maior do que nosso desejo de encarar os limites da relação. Realizada a aspiração de ambos por outro filho, faltava nos havermos com o casamento. O parto foi um dos dias mais felizes da minha vida, finalmente, minha filha vinha ao mundo dentro das condições que eu considerava ideais. Contrações dentro da banheira, nascimento sem cirurgia, até minha mãe teve oportunidade de aparecer na sala de parto, que mais parecia um quarto de hotel. Em vez de saírem correndo com a bebê para salvá-la, tivemos a tão sonhada amamentação precoce, e aquela que depois veio a ser chamada de *golden hour*. Tudo isso foi muito bom, tão bom quanto ser salva pela precisão de uma cirurgia quando ela se faz necessária.

A felicidade com a maternidade deixava mais à mostra que era o casamento que destoava. O final dessa relação, que me dava a falsa sensação de segurança e estabilidade, foi desolador para mim. Junto com ele ressurgiram os fantasmas de fracasso que rodeavam minha família e a voz de meu pai, já falecido, confirmando que "Homens não querem mulheres emancipadas". Ou, ainda, que era impossível para a mulher conciliar a maternidade e o amor. Levou muito tempo para eu reconhecer que o fracasso do meu primeiro casamento se devia ao enganchamento das nossas neuroses, e que, se eu não podia assumir a responsabilidade do meu ex-marido, tampouco podia me eximir da minha própria.

Eu estava em minha segunda análise, dessa vez com um profissional que sabia manejar o dispositivo analítico, e lutava contra minha insistência em apostar num casamento insatisfatório. A rotina estabelecida, as relações familiares, os filhos, a casa e os amigos comuns foram capazes de perpetuar um casamento que se tornara medíocre. Fato é que foi meu marido, e não eu, que desfez nosso acordo infeliz de manter um casamento que nos fazia infelizes. Só a partir dessa ruptura traumática é que encarei inseguranças muito profundas que em análise não fui capaz de bancar. Passados tantos anos e já em um novo relacionamento, construído sobre outras bases, me espanta a ideia de que sem a desistência do outro eu não só não estaria levando a vida que levo hoje, incomparavelmente melhor do que a que eu tinha, como teria perdido um tempo precioso tentando remediar o irremediável, chafurdando na insatisfação. É desconcertante reconhecer que, mesmo em análise havia alguns anos, não tive a coragem de virar a mesa. Perdurava a reiterada aposta de que uma hora o casamento recuperaria a alegria dos anos iniciais, a ideia de filhos e de família unida. Mesmo o que eu considerava um casamento feliz também me soa estranho hoje. Na verdade, tratava-se do que me era possível conceber como felicidade a dois naquele momento, algo que já estava a anos-luz do que eu tinha presenciado em minha família de origem. Esse era o limite da minha perspectiva de felicidade e, portanto, da minha aposta nela.

O preço de bancar o desejo pode ser tão alto que seria uma enorme presunção do analista julgar as decisões do paciente, cujo tamanho do calo só o próprio poderá medir. Enquanto o paciente crer que ganha mais do que perde com suas escolhas, dificilmente abrirá mão desse ganho, mesmo que isso o faça sofrer. E o sofrimento pode fazer parte desses ganhos, caso ele entenda que o merece. Algo como "sofro como deveria ou tanto quanto mereço", ou, ainda, "a vida é sofrer". Enfim, muitas são as fantasias e os ganhos inconfessos que nos aferram a uma vida infeliz mesmo quando ela poderia ser melhor.

Ao longo de uma análise, há um efeito inesperado, justamente quando as coisas começam a melhorar. As pessoas nem sempre sabem o que fazer quando a vida dá uma trégua e as relações ruins dão lugar às satisfatórias, ou quando finalmente realizam um sonho, ou resolvem problemas que pensavam ser insolúveis. É muito comum ouvir quão desconcertante pode ser, depois de tanta luta para se sentir melhor, ao consegui-lo, não saber o que fazer com isso. A esse rebote no sucesso de uma análise Freud deu o nome de *reação terapêutica negativa*. Lembrando que o sintoma conjuga forças em conflito, renunciar a ele é também abrir mão da satisfação nele embutida. Além disso, a culpa que nos acompanha desde a infância pelos nossos desejos inconfessos não encontra na paz um lugar para ser descarregada.

Eu acreditava estar protegida por esse casamento do destino de ter que escolher entre sexo, amor, carreira, vida social e filhos — termos difíceis de conciliar na vida, mas vistos como impossíveis na cartilha da minha família. Seu fim era muito mais do que o fim de um relacionamento, o que já seria triste: era a confirmação de uma fantasia terrível segundo a qual, como mulher, eu estaria condenada a voltar para a sina familiar, das mulheres preteridas. Mas foi nessa perda real que a análise cumpriu sua função de me fazer escutar o que o divórcio revelava: eu estava me encolhendo para caber sob as asas de um homem, bem ao gosto do que meu pai esperava de uma esposa. E, se eu cumpria o mandato paterno, isso não podia ser imputado a ele, mas à minha alienação ao desejo que eu imaginava ser o desse pai.

O que até então parecia trágico deu lugar a uma fase inteiramente nova, de intensas descobertas. Um ano depois, quando eu já havia percebido que dessa quebra dependia minha chance de bancar o meu desejo, e que as coisas podiam ser bem melhores do que eu costumava esperar, perdi meu segundo irmão.

Preciso me lembrar que carrego o semblante de mãe, aquele que aponta para o mito das origens, ao mesmo tempo que sou apenas mais uma mulher no mundo que cria os filhos. Estou entre a figura intangível que encarna o *Desejo da Mãe*, como descrito pela psicanálise, e a pessoa de carne e osso que se vira nos trinta para cuidar de uma demanda impossível. Como se as mãezinhas, essas pessoinhas vulgares, pudessem saber e nos revelar quais são nossos desejos inconscientes, como se soubessem mais de nós do que nós mesmos. E ainda: como se as mães fossem responsáveis pelo que os filhos inventaram com o que supunham ser o desejo delas. É uma fantasia de vasos comunicantes na qual alguém dita quem somos e nós, pobres criaturas indefesas, passamos a vida coagidos a responder a essa expectativa desmesurada e abusiva. Como se não houvesse margem de separação, ou seja, como se não houvesse na criança um sujeito com capacidade de resistir, de produzir sintomas, de escolher, entre os muitos significantes ofertados, aquele com o qual se identificar. No bufê que o ambiente — muito além da mãe — nos apresenta há um número limitado de iguarias, mas há que escolhê-las, digeri-las, cuspi-las. É verdade que alguns bufês flertam com o grotesco pela falta de variedade, ou por servirem um monte de coisas estragadas, mas, ainda assim, há um sujeito se havendo com isso.

Foram anos de análise reclamando da oferta de meus pais, criticando os desejos deles imputados a mim. Tempo de uma valiosa construção, a partir da interpretação que eu fazia dos gestos deles, de uma moldura que eu entendia ser a minha realidade.

Mas, obviamente, não há como saber qual o desejo que nos engendrou. Seguimos, ainda assim, produzindo hipóteses sobre ele. As hipóteses e as identificações com os pais são parte da fantasia sobre quem somos, sobre o que o outro deseja de nós e sobre como satisfazê-lo. Em outras palavras, o que fazemos para ser o objeto do desejo dessas figuras iniciais? Como fazemos para receber o amor desse outro fundamental? É parte crucial do trabalho analítico reconstruir a fantasia passo a passo com a intenção de atravessá-la. Isso não significa superá-la, mas saber fazer algo melhor com ela do que um sintoma, de certa forma, assumir que se trata de uma ficção, ainda que necessária. Precisamos de uma narrativa sobre nós mesmos — só não podemos nos fiar demais nela. Essa é a aspiração de uma análise de orientação lacaniana de um sujeito neurótico como eu.

O desejo do outro é um enigma, que pauta o nosso e será perseguido na fantasia. Ser tudo para a mamãe, ser a merdinha, ser invicta, ser perdedora — enfim, inúmeras são as possibilidades de buscar alguma forma de satisfação por acreditar que estamos respondendo ao desejo do outro para nós.

Uma paciente que foi morar do outro lado do mundo na tentativa de se separar da mãe, e que levava uma vida cheia de realizações, não se furtava a se apresentar como uma coitadinha, que não conseguia usufruir de nenhuma de suas conquistas. Oferecer seu sofrimento a uma mãe que ela entendia ser ressentida com a maternidade era uma forma de pagar com sua própria existência para ter um lugar ao lado dela. A paciente não sentia prazer com suas conquistas, mas gozava — com grande sofrimento — de ser aquilo que achava que a mãe queria que ela fosse: uma mulher frustrada. Entre o prazer e o gozo, há essa dose de sofrimento que o paciente não reconhece como sendo autoimposto.

Eu não era muito diferente dessa jovem a quem atendi por alguns anos. E haja supervisão e análise para não confundir o meu dilema com o da paciente, até que cada uma, a seu tempo, pudesse escolher o que fazer com seu gozo, sem o disfarce de que se trataria de uma realidade externa a cada uma de nós.

Embora a fantasia seja um aparato imprescindível para o enigma do desejo do outro, e resposta necessária ao incognoscível, a negociação com ela pode ser muito mais plástica ao reconhecermos que se trata de criação e não de uma verdade a priori.

Mesmo que uma mãe demande o sacrifício da filha a quem imputa a própria infelicidade, ainda assim caberá ao sujeito — no caso, a filha — formular uma resposta a essa demanda. Ainda que inconsciente, ela deverá se haver com essa resposta. Essa é a ética a que se propõe a psicanálise.

A análise segue porque o inconsciente segue como "o trabalhador incansável", como disse Lacan, e porque o seu final implica assumir o *desejo de analista*: o desejo de seguir analisando, de querer saber sobre o inconsciente, não para esgotá-lo mas para se haver com o Isso, o outro nome que se dá ao inconsciente. Para deixar de se levar tão a sério, uma vez que mal temos controle do que nos sai da boca.

Quando eu já estava grávida de minha segunda filha, fui visitar meu pai no hospital, sem saber que seria nosso último encontro. Ficamos um tempo a sós e aproveitei para massagear seus pés e sua cabeça, o que ele adorava. Magro e debilitado, mas com um olhar doce, ele perguntava pela *mãe*. Eu não sabia se ele se referia à minha ou à dele, mas entendi que, depois de alguns anos, elas haviam se tornado, como insinuou Freud, uma única pessoa. A médica entrou daquele jeito animado e impessoal que a profissão exige, estendendo a mão para cumprimentá-lo, e foi recebida com a presença de espírito que durou até o último suspiro de meu pai:

— Lave essa mão, mocinha, não sei em que outros condenados você tocou hoje!

Não fiquei abalada com sua morte, sempre achei indigno ver uma pessoa definhar depois de uma vida inteira de realizações. O período no qual assistimos à sua decadência me soava como um sofrimento a mais, injustificado. Mas não enterramos apenas o pai das últimas horas, cujo desaparecimento pode ser um alívio, e sim todos os pais que ele foi para nós, todos os pais que ele foi para mim ao longo dos meus 35 anos. É o luto deles que está em jogo aqui, e ele requer um longo trabalho de recuperação das infinitas partes que compõem uma vida.

Minha filha Mariana tem dois anos e estou indo buscá-la na escola. Prezo esse pequeno ritual de reencontro, no qual ela vem correndo na minha direção como se tivesse voltado de um ano de intercâmbio no exterior. Uma adolescente jamais sairia do desembarque correndo de braços abertos e gritando "Mamãe" ou "Papai". Só quem ainda cabe num colo protagoniza uma cena dessas. Nem sempre posso buscá-la, e a ansiedade de estar presente no exato momento em que ela dispara pelo pátio externo da escola ao me ver, me faz subir a rampa correndo.

Mas algo está errado.

Desacelero. O pai dela está no alto da rampa, me aguardando. Mas por quê, se cabia a mim pegá-la naquele dia? Já estamos separados há um ano, isso está fora do habitual. O olhar dele é estranho. Se fosse algo com as meninas ele não estaria firme na minha frente como está. Intuo que algo terrível aconteceu. Minha perna bambeia. Quantas vezes o raio cai sobre o mesmo teto?

Meu pai morreu há dois anos e não precisará passar por isso outra vez. O segundo filho que minha mãe perde, 24 anos depois, meu segundo irmão. O que tentou ressuscitar o primeiro. Complicações decorrentes de uma cirurgia bariátrica. Agora restam quatro.

Quero rebobinar o vídeo, quero descer a rampa de costas, para antes daquela manhã de sábado de 1978 na qual a morte resolveu nos visitar sem ser convidada, desrespeitando a ordem natural das coisas que inventamos. Os velhos vão antes, os filhos vão depois. Mas o Ricardinho morreu de infarto e o Nik em um pós-operatório que era para ser simples.

Dessa vez eu não vou negociar porra nenhuma, nada de religião e consolos. Se o Deus no qual não acredito puder servir para alguma coisa, que seja para eu odiá-lo.

Nik era o segundo filho homem dos meus pais, e seu apelido, ao contrário do que costumavam lhe perguntar, não vinha nem de Nicola nem de Nicolau. Tendo nascido quando o satélite russo Sputnik foi lançado — o que, se parece banal hoje, antes de o homem pisar na Lua era um assombro da realização humana —, daí surgiu o apelido pelo qual o chamamos a vida toda, a ponto de mal lembrarmos que era ele, e não o primogênito, que levava o nome do meu pai, embora escrito de outro jeito: Zacarias. Da mesma forma que eu, segunda filha, receberia o nome de minha mãe.

Nik foi uma criança que demorou a falar e a andar, mas, quando o fez, fez tudo de uma vez só. A piada era que ele vinha treinando durante a noite, enquanto os adultos dormiam. Figura superengraçada, perspicaz, com a rapidez de raciocínio e o deboche que o humor exige, dedicava-se a nos fazer rir, principalmente meus pais. As refeições com ele, quando a loucura do meu pai não colocava tudo a perder, eram uma sucessão de trocadilhos infames, piadas bem contadas ou a simples esculhambação de alguém servindo de alívio cômico ao esquete familiar, usualmente dramático.

De criança gorda, considerada saudável na época, a adolescente obeso e adulto com obesidade mórbida, foram anos de maus hábitos alimentares que, para sua compleição, se mostraram especialmente danosos. Diante da culinária ítalo-brasileira — que buscava exorcizar a humilhação da pobreza exorbitando na comida —, os seis irmãos reagiam a partir de biotipos e apetites distintos. Tirando eu e meu irmão nascido imediatamente antes de mim, considerados magricelas como minha mãe, os demais lutavam contra a balança, com maior ou menor sucesso. Como se já não me bastasse ser de uma geração e de um país obcecado pela magreza feminina, o desfecho especialmente amargo da obesidade na minha família teve um efeito enorme sobre a minha preocupação com o peso.

O Nik era adorável, mas podia ser cínico e mordaz. Era um tipo charmoso que fazia sucesso com as mulheres. Casou, teve dois filhos e resolveu fazer a cirurgia de redução de estômago aos 45 anos, apostando que finalmente resolveria seu problema. Eu torcia muito para que ele emagrecesse, imaginando o quanto sofrera com essa condição a vida toda. Nas vésperas da cirurgia estávamos no aniversário de seu filho, e na hora de me despedir desejei-lhe sorte. Ele fez alguma piada cruel consigo mesmo, dizendo que, como era "um gordo sem-vergonha, teria que entrar na faca". Levei sua fala a sério, fazendo um comentário pouco usual entre nós: disse que obesidade é um assunto preocupante, que requer todo o apoio da família, como um vício, um problema de saúde grave. Ele me olhou tocado e nos abraçamos carinhosamente. Eu adorava abraçar aquele corpo gordo, gigante e acolhedor, cuja cintura era impossível de circundar.

Meu irmão era fissurado por futebol, louco pelo Santos, e acompanhou a carreira do Pelé de forma obsessiva, acumulando recortes de jornal sobre tudo que fosse ligado ao time e ao ídolo, enchendo vários armários de nossa casa. Sabia datas e detalhes das partidas e dos feitos dos jogadores. Quando teve a chance de viajar para o exterior, em 1974, disse que só iria se fosse para assistir à Copa do Mundo na Alemanha. Fez tanto estardalhaço na torcida organizada, com uma bandeira gigantesca costurada por minha mãe, que fomos capazes de vê-lo pela televisão em mais de uma partida. Fato notável, uma vez que não havia internet e as imagens eram em tempo real e, portanto, fugazes.

    Quando ele foi para a cirurgia, sua condição de saúde era limítrofe: precisava fazê-la para reduzir um sobrepeso alarmante, mas o excesso de peso tornava o procedimento delicado. Eu estava separada havia pouco menos de um ano, começando a me recuperar do baque, reorganizando a vida com uma filha de dois anos e outra de cinco. A cirurgia foi um sucesso e ele voltou para casa conforme indicação do médico. O risco de embolia o fez voltar para o hospital, e me lembro de tê-lo visitado nessa ocasião. Uma lembrança recortada, como se não houvesse antes ou depois, uma cena única, na qual o vejo deitado na cama, com o olhar assustado, os olhos mais arregalados do que o normal, sobressaltado, tentando dormir ao mesmo tempo que buscava controlar tudo à sua volta. No pouco tempo em que estive ali tentei passar alguma confiança, dizer algumas gracinhas, como estávamos habituados a fazer entre nós, mas o medo estava estampado na cara dele. Não imaginei, no entanto, que houvesse um risco real. A próxima notícia que tive, recebi da boca do meu ex-marido em frente à escola das minhas filhas.

Não podendo salvar a mim e à minha família de sua própria tragicidade — porque nunca me pediram e porque, se o tivessem, eu não teria os meios para isso —, acabei por aspirar a "salvar" pacientes. Gesto pretensioso de quem precisa ser ajudada mais do que imagina, haja vista a fantasia onipotente — e antianalítica — de que haveria um salvador, de que haveria salvação para a vida. Foi meu segundo analista, winnicottiano, que muito habilmente apontou a falácia de sentir dó do outro. Quando lembro a merda na qual eu estava afundada enquanto me arvorava no lugar de quem salva, sinto um misto de constrangimento pela empáfia e gratidão por ele ter me ajudado a desmontar essa boneca de Olinda da minha autoimagem: inflacionada, frágil e oca.

Não que não houvesse força e capacidade em mim, mas eu apostava minhas fichas justamente naquilo que mais nos empalidece diante da vida: negação do desamparo que é comum a todos, que é estrutural e que, portanto, ninguém elimina de si, tampouco do outro. Meu analista não estava lá para me dar palavras de incentivo ou inflar meu ego, ao contrário, ele me convidava, com seu silêncio, a perder o medo de encarar o que eu mais temia: meu desamparo, outro nome da castração. Quanto antes eu pudesse encará-lo, melhor enfrentaria os perrengues da vida. Mas demorou.

A MINHA SEGUNDA ANÁLISE se deu quase toda durante meu primeiro casamento, indo até um pouco depois da morte do meu segundo irmão. Ela foi empreendida quando me vi diante das questões da maternidade, que revolviam toda a minha história.

O analista era um homem de quarenta e poucos anos, feio de um jeito que só aos homens é permitido ser sem que percam algo de seu sex appeal. Depois de experimentar, dos dezessete aos 33 anos, psicoterapias que iam de Jung a Reich, me vi num setting winnicottiano, completamente novo.

O fato de que se tratava de entrevistas, e não de um encontro que automaticamente desembocaria em um tratamento, acendeu a primeira luz de que algo inédito se passava ali. Como era possível que a análise não estivesse garantida pela marcação da consulta? Não seria só uma questão de ver se o santo batia, de acertar horário e preço? A segunda luz foi a forma pouco afetada com a qual ele lidou com meu choro. Nesse momento, ele me lembrou que a entrevista havia acabado. Não se tratava do famoso *corte lacaniano* da sessão — ele nem era lacaniano —, simplesmente o horário tinha acabado mesmo e tchau. Ali eu percebi que havia outra questão em jogo, e, embora não tivesse a menor ideia do que era, devo ter intuído que apontava para fora do gozo melancólico no qual eu chafurdava havia anos. As outras terapias pecavam por promover catarses que só me faziam repetir as cenas iniciadas na infância.

As entrevistas que orientam a análise, o silêncio preciso, o final da sessão coincidindo com meu choro, o interesse pelos sonhos produzidos entre os encontros, todo o enquadre teve um enorme efeito sobre mim. Me lembro de ter pensado que o negócio era sério, que interpretações grandiloquentes e sedutoras do analista e as cenas catárticas do paciente não teriam espaço ali. Passei anos sem deitar no divã desse analista, e, quando penso nas minhas sessões daquela época, tenho a convicção de ter sido uma das pacientes mais chatas que passaram pelo consultório dele. Penso nisso toda vez que tomo em análise um paciente especialmente resistente.

Nessa análise, recontei minha história em tantas versões quanto me foi possível, formulei meu desejo de me tornar psicanalista, tive minha segunda filha, me divorciei, perdi meu pai e meu segundo irmão. Encerrei-a depois de seis anos, em busca de uma experiência com a abordagem lacaniana, cujo interesse teórico sobressaiu para mim. Lembrando a paciente insuportável que fui, tenho vontade de mandar uma mensagem epifânica de agradecimento a meu segundo analista por ele ter sabido o que estava fazendo enquanto conduzia minha análise.

— Fiquei surpresa com a outra sessão, quer dizer, com a outra entrevista. Achei que já começaríamos a análise e agora fiquei com medo de você não me aceitar... O final da primeira entrevista também me surpreendeu, ser interrompida no meio do choro. Mas me fez pensar que você não achou que eu iria desmontar, não me subestimou. Não achou que eu precisaria ser salva por você.
— Ser salva?
— Você não ficou com pena de mim, achando que eu precisaria ficar mais tempo, já que eu estava chorando.
— Por que eu ficaria com pena de você?
— Não sei, talvez não seja pena, talvez compaixão.
— Mas são coisas bem distintas, não? Pena e compaixão.
— Acho que sinto pena dos meus pacientes.
— Dos seus pacientes?
...
— Eu tava te falando dos meus irmãos na ses..., quer dizer, na outra entrevista.
— É, acho que você "está" falando dos seus irmãos.
— De como eu sinto pena deles. A vida deles é muito sofrida.
— Eles são dignos de pena?
— Soa arrogante, né?

— Você que está dizendo. Mas é verdade, compaixão não é pena... Você fala dos seus irmãos, seus pacientes?

— Acho que tô tentando salvar todo mundo.

— E você? Estranhou que o analista não ficou até o final do choro para salvar você.

— (*Risada*) Parece tudo um pouco ridículo, como se eu me arvorasse no lugar de salvadora, como se houvesse um salvador.

— Pois é.

(*Risada*)

— Marcamos outra entrevista para semana que vem?

MINHA TORCIDA ERA para que meu pai deixasse minha mãe viver alguns anos fora do seu jugo. Em outras palavras, que ele morresse antes dela para que lhe sobrasse algum tempo. Por conta da família paralela, com medo de que se encontrassem, quem acabava enfurnada em casa era ela, sem sair para passear havia décadas. Mas minha mãe era tão resignada com a vida que levava que ficava difícil imaginar o que faria com uma possível liberdade de viúva. Não raro, as viúvas da geração dela, tendo cumprido sua "missão" junto ao marido e aos filhos, revelavam uma gana de viver insuspeita, mas minha mãe era uma incógnita.

Quando meu pai morreu, em 2000, ela estava com setenta anos e passou a viver só com a filha mais nova, que ainda morava com eles. Contra todas as expectativas, assim que se reorganizou, decidiu viajar pelo mundo, levando uma vida que até então parecia impensável.

Dois anos depois da morte do meu pai, veio a morte do segundo filho, um baque terrível, mas que não a impediu de seguir com sua nova vida. O sentido de urgência e a preciosidade do tempo parecem ter ficado cada vez mais claros para ela.

A mulher que só conhecia, fora de seu estado natal, uma pequena cidade no interior do Rio de Janeiro podia ser vista fazendo safári na África do Sul e skibunda em Bariloche, andando de balão no deserto do Atacama, visitando praias no Havaí ou sobrevoando o Grand Canyon de helicóptero. Fora isso, foram incontáveis viagens dentro do Brasil. Na volta de um passeio para Foz do Iguaçu, o médico pediu que ela fizesse um exame para monitorar o coração, um tanto fragilizado pela idade e por um pequeno problema congênito. Quando ela lhe contou que havia caminhado quatro quilômetros sob um calor de quarenta graus, ele desistiu do exame:

— Dona Vera, se a senhora tivesse o que eu suspeitava, não estaria viva para me contar essa história.

Aos noventa anos, seu grande sonho de conhecer o Egito foi interceptado pelo risco real de que não voltasse viva. Indignada com os limites que o corpo lhe impunha, resolveu ir morar na praia — contra todas as indicações logísticas —, pois aí teria a sensação de estar sempre de férias, viajando.

Onde essa mulher estava durante as cinco décadas que "a outra" passou sob o jugo de um casamento aprisionante eu não sei, mas o alívio que senti foi palpável. Cada mulher que dá um passo em direção ao próprio desejo oferece uma chance para as demais. Quando se trata da sua própria mãe, modelo fundamental, esse gesto pode precipitar grandes transformações — e, não raro, inveja. Sua liberdade, adquirida após os setenta anos, serviu para incrementar minha aposta na minha própria.

A TERCEIRA ANÁLISE COMEÇOU em 2003 e foi a primeira lacaniana. Eu já não era nem de longe a menina ingênua que acreditava na redenção via divã. De fato, era a primeira vez que fazia as entrevistas iniciais sem o entusiasmo que me caracterizava. Tinha um ano que eu havia perdido meu segundo irmão. Tristeza, desilusão e raiva me consumiam.

Nessa terceira análise, entendi que era importante recontar a história, mas de outro lugar. A narrativa que me acompanhava e que havia se tornado uma ladainha deu lugar a uma formulação inédita: a uma ficção. Determinante, por vezes excruciante, mas toda narrativa não passa de uma versão, de uma ficção entre outras. Precisamos inventar uma versão da nossa existência na qual nos fiarmos, ou seja, assumir que a realidade que nos é tão cara é construída por meio de uma narrativa moldada por nós. A realidade "baseada em evidências" é tão consistente quanto as histórias da Carochinha, e ainda assim não podemos prescindir dela. As versões da minha história não eram necessariamente falsas, longe disso, mas não se excluíam, de fato coexistiam. Eram diversas, por vezes diversões, por outras aversões. Recontá-las era abrir infinitas portas que davam para inúmeras passagens e pontos de vista. Ver como seus efeitos atingiam minhas relações com a morte, com a sexualidade, com o corpo, com a vida...

Não havia como não passar pelos abismos de sentido e ir se enredando naqueles fios tão sedutores de tudo saber sobre minha mãe, meu pai, meus irmãos... Mas havia o corte preciso de cada sessão, no qual permanecer gozando em cima de infinitos sentidos revelava seu preço.

Qual a sua parte naquilo de que você se queixa? Qual o gozo que sustenta o seu sintoma? O que insiste em querer gozar/sofrer ali mesmo onde você se queixa? As interpretações/cortes não apareciam como frases eloquentes ou perguntas elaboradas, podiam ser um "Ah! Tá!", uma risada ou um silêncio sepulcral seguido da abertura da porta. Às vezes, uma afirmação desconcertante e teatral: "Não é isso!". Uma intervenção que encerrava a sessão num ponto em que você se via obrigado a analisar o que havia dito sem muita reflexão. A interrupção era tão sutil quanto a antiga expressão "A porta da rua é a serventia da casa".

A analista regia a cadência da fala, os silêncios, as intervenções, levando a um desfecho preciso que lembrava a estrutura de um conto. Concisão e precisão fundamentais para que o efeito pudesse ocorrer entre as sessões. Assim como apenas o ponto-final de um texto literário — tão esperado quanto temido — é capaz de nos fazer recuperar tudo o que foi dito até então e de nos fazer estremecer. Se o livro cumpre sua função, permanecemos arrebatados ao virar a última página, precisando de um tempo para que a transmissão de algo novo possa ocorrer.

— Nunca senti uma resistência tão explícita de falar em análise.
— Ah, bom!?
— Eu sinto uma raiva e uma tristeza e nem sei mais qual é qual. Vem tudo junto, uma vontade de chorar e socar ao mesmo tempo.
— ...
— Meu pai, sonambulando, bebe uma garrafa de água depois de uma cirurgia no estômago. Virava e mexia ele caía de moto, dirigindo alcoolizado. Fazia paraquedismo num tempo em que a prática era tosca. Que porra suicidária é essa? Além disso ele perde um dos filhos ainda jovem — a outra perda ele nem presenciou. É como se fosse uma sina. Não consigo deixar de culpá-lo, nem à minha mãe por ter casado com ele e aceitado em silêncio seu estilo de vida. Não sei se vejo serventia em fazer análise, tudo parece sem saída.
— Qual seria a serventia da análise? Boa pergunta!
— A saída é a morte.
— Da vida, pelo menos, sim.
— Não vou aguentar começar outra análise e depois levar uma rasteira dessa. Qual a moral da história? O que meus pais tentaram transmitir para os filhos? O que esperam de nós?

— Parece que você tem uma resposta para cada uma dessas perguntas. Quer falar sobre isso?
— Não tô aguentando, tem um desespero, preciso muito sair daqui.
— Você pode sair e voltar quando quiser.
(*Choro*)
— Posso ficar mais um pouco?
— Sim, você pode escolher.
— Eu quero ficar.
— Aqui?
— Quero ficar. Aqui também. Sim, quero ficar.
— Às vezes dá para escolher entre ir e ficar, às vezes não.
— Não são meus pais, a vida é que é uma merda, né?
— Às vezes.

Quando as sessões cumprem sua função, elas abalam a repetição sintomática. Cálculo que o analista só saberá se foi bem-feito na sessão seguinte. Daí que contar com o belo fraseado de interpretações inspiradoras, que alguns pacientes adoram colecionar de seus analistas desavisados, vai na contramão do *tempo lógico*. As sessões lacanianas são pautadas pela lógica interpretativa, pelo que consideramos um ato analítico, ou seja, que visa efeitos analíticos. Bem diferente da sessão que tem um tempo preestabelecido, baseado na ordem cronológica. Trata-se de colocar em xeque as certezas interpretativas que o paciente vem acumulando ao longo das sessões, as infindáveis teorias que ele faz sobre si mesmo e sobre as causas de seus sintomas.

Na terceira análise tive a sorte de ser escutada por uma das poucas pessoas que conheço que realmente seguram esse rojão. Uma analista que não apenas fala da proposta lacaniana do tempo lógico e do corte interpretativo, mas que o sustenta em ato. Porque é dificílimo sustentar esse enquadre, ainda mais em tempos como os nossos, burocráticos.

Criou-se uma mítica, bem ao gosto de Lacan e seus seminários teatrais — basta assistir aos vídeos disponíveis na internet —, em torno do tempo lógico e de interpretações disruptivas. As transcrições desses seminários também não ajudam a esclarecer para o público em geral do que se trata o dispositivo lacaniano de análise. O folclore em torno do tema e do autor segue ora enaltecendo ora execrando ambos. O fulanismo impera. Mas de que adianta explicá-lo, afinal, se se trata da formulação de uma experiência sem a qual a própria formulação não faz sentido? É como tentar se preparar para o sexo lendo manuais de orientação sexual. Não só não adianta como atrapalha. Por isso um psicanalista emerge *mesmo* é de um divã, embora não sem estudo e não sem uma comunidade de psicanalistas — que não se resume a uma instituição — para a qual deve provas de sua prática. Estas só poderão ser dadas pela maneira como ele formaliza e transmite o que fez com sua análise e com as análises que conduz. E essa formalização depende da teoria.

Minha análise foi revelando os contornos da minha neurose, pontuando os lugares nos quais eu me apegava ardentemente aos meus sintomas. É claro que essa experiência teve um efeito direto sobre a minha clínica e permitiu que o estudo da teoria não fosse apenas mais um exercício de retórica do incompreensível. Se o texto lacaniano é difícil, que dirá se não temos o reconhecimento do que se passa na experiência à qual ele se refere e que é a única razão de sua existência.

Uma análise é um evento privado que, sendo bem orientado, afeta uma vida e todas ao seu redor. Só isso já seria um feito enorme: o sintoma dando lugar a descobertas libertadoras sobre si e gerando repercussões sociais. Mas a análise de um analista em formação implica algo mais, e isso é a causa e o efeito das instituições psicanalíticas. Nesses casos não basta viver uma análise e desfrutar de seus efeitos; há que formalizar, a partir do estudo aprofundado da teoria, e transmitir essa formalização. A escola de psicanálise, como Lacan a nomeou, é o lugar no qual o estudo é pesquisa, ou seja, a teoria está sempre balizada pela clínica, que deve reinventá-la a cada caso. O tripé da formação de um analista parte da análise pessoal, do estudo da teoria e da supervisão. Esses são três dispositivos de formalização da experiência. Neles está em jogo fazer passar ao Simbólico algo do Real, não sem as construções imaginárias que fundam nosso narcisismo, mas ir além do Imaginário. Fritando no divã, quebrando a cabeça sobre os textos, apresentando casos — inclusive o nosso próprio —, a intenção é fazer passar a psicanálise ao outro.

Busca-se formalizar teoricamente e transmitir dentro de uma comunidade de analistas os embates com o inconsciente que fomos capazes de sustentar em nossas análises e na de nossos pacientes. Nesse sentido, nossa própria análise é o epicentro de onde devem emergir formalização, transmissão e, contingencialmente, o desejo de seguir escutando o inconsciente. Esse desejo, que Lacan chamou de desejo de analista, é o que se pode extrair do final de uma análise. Ainda assim, cada um deverá responder singularmente o que fará com esse desejo. Entre as possibilidades está a decisão de se tornar analista de outras pessoas.

Processo difícil de explicar, mas infinitamente mais difícil de sustentar. O olho do furacão nada vê.

O luto não requer análise, ele só precisa acontecer. O que a análise pode ajudar é a entender, quando ele não acontece, no que ele emperrou.

O luto é um trabalho, como dizia Freud, e, se nada pode acelerá-lo, muitas coisas podem retardá-lo ou impedi-lo. Em seu texto "Luto e melancolia" ainda não aparece a associação que se fez posteriormente entre melancolia e quadros psicóticos, mas nele encontramos insights preciosos sobre esse mecanismo psíquico. Existem os lutos patológicos, que se arrastam pela vida afora, e existem os quadros melancólicos de caráter psicótico, nos quais o sujeito está de tal forma identificado a uma perda que toda a personalidade fica comprometida. O luto é o que nos permite continuar a ter uma vida, seja diante das perdas inerentes a ela, seja diante daquelas que são consideradas por nós inconcebíveis, como a morte de um filho. Sem esse recurso básico, ainda estaríamos debaixo dos lençóis chorando a entrega da chupeta para o Papai Noel, ou passando por uma experiência fusional e enlouquecedora com os cuidadores, de quem precisamos nos separar para viver. O luto, no entanto, não acontece sem restos, deixando um trabalho permanente de elaboração a ser feito.

Os lutos nunca se completam totalmente, como Freud queria fazer crer. Justo ele, que ficou desarvorado ao perder sua adorada filha para a gripe espanhola. Sophie era a mãe da criança que jogava o carretel enquanto balbuciava *"Fort, da"* (algo como ir-vir), brincadeira que Freud imortalizou, usando o jogo do neto para ilustrar o sentido que a alternância entre presença e ausência tem na constituição infantil. Fazendo isso, ele apontava que a falta do objeto, no caso a mãe, era constituinte e obrigava o sujeito a se engajar no desejo. É na impossibilidade de encontrar a satisfação idílica de fazer uma unidade com o outro que formulamos o desejo, motor da nossa existência. A ausência, então, é condição do desejo, que só será satisfeito parcialmente, deixando espaço para outros desejos, que, por sua vez, sempre *deixarão a desejar*.

Ganhamos, perdemos, fazemos o luto, seguimos desejando. Desejamos, realizamos e queremos mais, pois *we can't get no satisfaction*. A expectativa por algo que nos propicie a satisfação total e absoluta torna tudo insatisfatório de saída, levando a uma relação neurótica com o prazer.

A relação que supomos ter com o outro primordial, e com todos aqueles que o substituem, vem carregada da aspiração de fusão e unidade: não perder o outro, não ter que se separar. Mas o outro se ausenta não só porque "vai até ali e já volta", mas também porque nunca está inteiramente *aqui* conosco. Assumir que para além das contingências da perda do outro ele sempre foi inalcançável é reconhecer que há uma impossibilidade nas relações.

Sendo a ausência a base do luto, e o luto condição para o desejo, há então no começo uma falta irreparável que nos funda enquanto sujeitos. Passamos a vida em busca de algo que se existisse nos inviabilizaria — uma contradição em si mesma. Essa é a orientação de uma análise: ela deve apontar para o olho do furacão, que é basicamente um vazio criado pelo vento que o contorna. Se "soprar a vida" for dar a palavra para quem chega, ou seja, ofertar-lhe a linguagem, a imagem de um furacão cria uma metáfora atraente da constituição subjetiva. "Não existe relação sexual", dizia Lacan, porque, embora exista a trepada, os corpos só podem sentir a si mesmos sentindo o mundo. Quando toco, não sinto o que o outro sente, apenas minha própria sensorialidade. Quando amo, não sei o que se passa no outro, apenas em mim mesmo.

O que resistimos a perder junto com o objeto perdido? Nossa própria imortalidade, a ideia de ser protegido por Deus, a onipotência de se sentir capaz de livrar o objeto amado de todo e qualquer mal? Junto com a dor da perda, passível de ser elaborada no luto, precisamos elaborar o lugar onde a perda se enroscou na nossa fantasia a ponto de não ser superável. E é nesses casos que entra a análise. Fazendo o luto do pai, Freud escreveu *A interpretação dos sonhos*, sua obra-prima. Ele considerava a perda do pai a mais decisiva na vida de um homem, e seu livro teria sido sua resposta a seu próprio luto.

Se houvesse uma trilha sonora para a função de uma análise, eu diria que é "Let It Go", de *Frozen*.

O que se perde quando se perde um irmão? O que vai junto com o irreparável desaparecimento de uma pessoa amada que nos impede de seguir em frente? Fazer o luto é seguir em frente, recuperando a vida depois da rasteira, mesmo que carregando uma pedra no bolso.

Ter feito tantos anos de análise e perder um segundo irmão por um erro médico numa cirurgia de médio porte era a confirmação de que seria impossível, para mim, tirar a cabeça da lama. Os filhos do meu pai e da minha mãe estavam fadados a morrer jovens, herdeiros de uma colher furada. Foi a primeira vez que meus joelhos se dobraram diante das palavras e me vi no chão, com meu ex-marido tentando me escorar. A eloquência do corpo.

Esse era o meu estado de ânimo quando comecei o que seria minha terceira análise, a lacaniana. Seria a última na qual eu ainda suporia que o analista ia responder quem eu era e na qual a transferência foi maciça. Foi ali que eu praguejei contra minha mãe e meu pai sem dó nem piedade. Mas também foi ali que, até onde me foi possível, *I let it go*.

Essa análise chegou ao fim em 2014, época na qual as sessões regulares, burocraticamente agendadas, deram lugar ao meu aparecimento no consultório da analista sem ser aguardada, torcendo para não demorar demais para ser atendida. Ao me ver na minúscula sala de espera, por vezes ela desconsiderava a ordem preestabelecida, privilegiando a emergência do inconsciente. Eu estava sonhando em voz alta, em pleno dia, tentando resolver um enigma cuja questão não estava inteiramente colocada. Ou melhor, tentando formular uma questão cuja resposta era uma impossibilidade em si mesma. Todos os meus insights eram de uma obviedade constrangedora. Como a descoberta incrivelmente banal de que nós, as três filhas do meu pai com minha mãe, éramos três mulheres diante do mesmo pai tentando responder de formas diferentes ao que imaginávamos ser seu desejo. Ou seja, o desejo de agradar ao pai, mas também à mãe, era baseado na fantasia de que cada uma de nós saberia o que ele — ou qualquer outro — desejava e seria capaz de lhe oferecer isso. Aos meus olhos havia três miragens nas quais poderíamos nos pautar para conquistá-lo, três clichês femininos: o de esposa e mãe, o de filha cuidadora dos pais e o da profissional independente. Mas quem disse que eram essas as verdadeiras expectativas dele? Ou, ainda, como eu poderia afirmar de que lugar minhas irmãs o interpretavam? Eu imputava aos meus pais e às minhas irmãs minhas próprias fantasias, sem saber de fato o que isso significaria para eles. Essa obviedade — e a maioria dos grandes insights analíticos são obviedades — me serviu para reconhecer e nomear uma das minhas questões centrais: meu lugar junto ao outro.

    Seja lá como cada uma de nós entendeu as demandas de nosso pai, é certo que respondemos de formas distintas, como sempre acontece. Cada uma, a seu modo, escolheu o que quis, dentre as supostas demandas que ele nos fazia. Tampouco ele sabia. Eu priorizava a profissional porque imputava essa expectativa a ele, porque isso contemplava minhas próprias aspirações e habilidades, mas tinha horror diante da perspectiva de que isso me condenasse à solidão, como se fossem escolhas excludentes e inconciliáveis. Nunca saberemos o que o outro espera de nós, mesmo que ele o declare conscientemente, mas devemos responder pelo que fazemos com as hipóteses nas quais nos fiamos. Eu fui estudar para me tornar psicóloga, depois psicanalista e por fim escrever.

"Não estude demais, que homem não gosta de mulher muito sabida" era uma das pérolas da cartilha dele. O divórcio aos 38 anos teria como marca mais dolorosa a fantasia de que se tratava de um vaticínio do meu pai. Demorou para eu descobrir que era ele que não podia ter uma mulher ao seu lado, obrigando suas companheiras a se conformarem em ser apenas suas esposas. Mas os homens eram muito mais do que meu pai. Ele era só o primeiro, aquele que funda a série, marco identificatório fundamental, mas não o último.

A obviedade de não saber o que o outro, para quem dediquei inconscientemente meus esforços, queria de mim revelou-se de modo epifânico. Seja o que for que ele quis das filhas — uma mãe de família, uma filha cuidadora ou uma profissional —, respondemos cada uma com nosso próprio desejo e competências. Nesse self-service oferecido pelos pais, nós escolhemos com o que encher os pratos. Temos que nos alienar aos significantes que nos são ofertados pelas pessoas que nos receberam, mas escolhemos quais e os combinamos de formas únicas, criando a separação entre nós. Alienação e separação são inextricáveis, e dá trabalho reconhecer isso. Ora acreditamos que podemos nos livrar dessas marcas, ora que estamos condenados a nos reduzir a elas.

— Precisei vir, minha cabeça está a mil por hora. Tem uma urgência, as ideias se sucedem e tenho medo de perder a oportunidade de falar delas em análise.
— Ok.
— Fiz escolhas tão diferentes da minha família. O afastamento foi drástico. Em parte por medo de que o amor por eles me afastasse do meu desejo, em parte porque as afinidades foram minguando, a conversa se tornando chata e desinteressante.
— Que o amor por eles te afastasse do seu desejo?
— Como se para ficar *com* eles eu tivesse que ser *como* eles.
— Ah.
— Lembrei do meu pai e do que eu imaginava que ele queria de nós, das mulheres, das três filhas. Somos tão diferentes, mas eu gostava de pensar que fui eu que realizei seu sonho.
— Qual?
— De ser como minha prima médica.
— Médica?
— Me dou conta de que também se usa doutora para médicos, e eu sou doutora em psicologia.
— Então você é doutora, como sua prima, como seu pai queria?

— Agora parece ridículo imaginar que era isso que ele queria. Uma pretensão absurda.

— ...

— Somos três filhas dele, cada uma colocou as opções de maternidade, de família e de trabalho num determinado lugar, priorizando o que fazia sentido para si.

— E?

— Imagino nós três, crianças, pulando na frente dele, tentando chamar sua atenção com nossas gracinhas, enquanto ele olha para outro lugar.

— Três mulheres com escolhas diferentes.

— Escolhemos coisas diferentes. Eu escolhi o que me convinha, o que eu tinha competência para fazer, e nunca vou saber o que isso significou para ele.

— ...

— Nós três delirando saber o que de fato ele queria e macaqueando na sua frente. E o olhar dele perdido no horizonte, como sempre é o olhar desses modelos.

— Sempre?

— Não é meu pai, pode ser qualquer um que ocupe esse lugar. Aqui é o olhar do analista. Não sei o que se passa do lado de lá, do outro. Só sei o que eu quero.

— Sabe?

— Sim, até aqui eu sei.

— ...

— *Thank you very much...*

E foi desse jeito disruptivo que encerrei minha ida à analista: parando de frequentar o endereço ao qual me dirigi por sete anos como analisante. Disse com profunda sinceridade *Thank you very much* em vez de "Obrigada" ou *"Merci beaucoup"*, uma vez que minha analista era de origem francesa. Um agradecimento em inglês, que me fez rir de mim antes mesmo de bater o portão do consultório.

Hoje penso que ainda havia *too much vera* nessa história. Depois de décadas de dinheiro e tempo dedicados ao rito semanal de deitar-se no divã e soltar o verbo surgiu esse vácuo epifânico. Chego em casa e me dou conta de que deixei de pagar uma parte do valor da sessão, a última. Nada mal para a pessoa obsessiva que eu sou. Constrangimento e riso. No fim, o último ato foi falho, apontando que a análise acaba, mas o inconsciente não. Voltei para pagar o resto e compartilhar que, no fim, é isso que fica, ou melhor, é o Isso. Não me dei o trabalho de interpretar esse ato, pois tratava-se justamente de assumir o que está para além da interpretação, o ato analítico.

Como vivem, o que comem, como trepam os que chegam ao fim de uma análise? Depois de tanto tempo dentro do Fórum do Campo Lacaniano, que se dedica a esquadrinhar as questões da orientação e do final de análise, eu não tinha me dado conta da idealização que pairava sobre essa temática. O final de análise, como a teoria prevê, desvelou uma existência comoventemente banal. Freud aponta para a tristeza ordinária, livre do efeito acachapante do sintoma, como meta possível ao término de uma análise. O que eu sentia era puro entusiasmo, alívio, alegria. Não podia durar, óbvio.

LACAN CRIOU O PASSE EM 1967 com a esperança de que esse dispositivo operasse na formação do analista e na transmissão das análises. Ele é acionado por psicanalistas que querem dar testemunho de suas próprias análises e que entendem terem chegado ao que Lacan preconizou como sendo o *final de análise*. Sua estrutura é simples: ser entrevistado por dois ou mais psicanalistas da instituição à qual endereçamos nosso pedido de acolher o testemunho. Se o pedido for acolhido, são sorteados dois analistas, que nos escutarão, separadamente. A ideia é atestar se o testemunho da experiência foi transmitido para além do espaço privado da análise e se dizia respeito ao processo de uma análise até seu final. O que se busca é formalizar um relato extraído da experiência. Não passar no passe não significa que uma análise não chegou ao fim, apenas que, mesmo que tenha chegado, o dispositivo não atestou sua transmissão.

Lacan estava se debatendo com a questão da condução das análises, da formação dos analistas, e com esse bicho de sete cabeças que é uma instituição de psicanálise. O passe foi a forma que encontrou para lidar com essa tripla tarefa e lutar contra a impostura daqueles que se dizem psicanalistas sem colocar à prova sua relação ética com o inconsciente. O dispositivo implicaria os analistas a partir de outro lugar: como testemunhas do final de suas próprias análises.

O final de uma análise diz respeito a atravessar a fantasia que nos constitui e nos tolhe; implica a queda da relação transferencial com o analista, a quem imputamos um saber sobre nosso enigma fundamental; e o reconhecimento do desejo de analista. Este último resulta de uma certa forma de encarar e lidar com nosso próprio inconsciente, o que Lacan chamou de saber fazer com o irremediável em nós (*savoir y faire*). Isso não significa necessariamente trabalhar como analista.

Em 1978, Lacan denunciou que o passe era "um fracasso total". O fracasso do passe interessa à psicanálise, pois a falha é um tema central em seu edifício teórico. Afinal, fracassamos até em coincidir com nós mesmos, pois não somos idênticos a nós mesmos. Mas é dessa assunção que a psicanálise retira sua força, assumindo a condição de desamparo que nos iguala e une. É por assumirmos o fracasso da pretensão de completude e por assumirmos a castração que podemos escapar das violências entre nós. Se, para Freud e Lacan, governar, educar e analisar seriam tarefas impossíveis, o passe, que remete às três, também o é. Isso não nos impede de manter esse dispositivo, mas advertidos de nossos limites.

A fogueira das vaidades que os resultados positivos e negativos dos pedidos de passe cria revela que os analistas, supostamente tão analisados, não agem de modo diferente dos demais mortais. E por que o fariam, se o infantil não cede em nós? Por que seriam superiores ao que, no humano, é inescapável? Quem inventou a piada do "sujeito analisado", negando que a análise é um processo perene, ainda que se possa deixar de frequentar as sessões? O analista não erradica sua condição humana, mas se responsabiliza por ela, desalienando-se da pretensão de superá-la. Reconhecer o que motiva nossos atos e assumi-lo, ainda que a posteriori, é o trabalho de uma análise. Mas, ao revelar o óbvio, não estaria o passe provando seu ponto e se mostrando mais atual do que nunca? Provando que, ao final de uma análise, na melhor das hipóteses, não erradicamos, mas assumimos o demasiado humano em nós?

Três anos antes de sua morte, Lacan continuava a revisar suas estratégias, tentando transformar suas críticas aos pós-freudianos em propostas. Suas questões sempre foram o tratamento dos analisantes, a transmissão da teoria e as instituições psicanalíticas. O dispositivo do passe aponta para todos esses temas: ele parte do testemunho de um tratamento, a ser transmitido na formação, dentro de uma instituição de pertencimento. E, se é para revelar os furos no próprio discurso dos analistas, fazendo-os refletir de forma perene, ele cumpre uma função importantíssima, pois escancara os limites de cuidar dos pacientes, os limites de formar psicanalistas e os limites de manter instituições arejadas. É isso que fazemos com analisantes sempre que eles se aferram à coerência de seus enunciados: apontamos os furos. O passe aponta os furos institucionais.

A proposta lacaniana de retorno a Freud e, ao mesmo tempo, a criação de novos dispositivos de transmissão abalaram profundamente a forma como se pensava a psicanálise — mas também a política, a filosofia, a cultura. Aos 77 anos, Lacan lidava com os entraves institucionais, e o passe não parecia ter respondido aos seus anseios. Mas haveria alguma coisa capaz de responder aos três impossíveis apontados por Freud: analisar, educar e governar? O paradoxo, que a psicanálise não cansa de sustentar, é que, diante dos impossíveis, seguimos — não para negá-los, o que seria uma impostura, mas para, sabendo dos limites, fazer algo melhor com isso. Algo que não seja simplesmente produzir sintoma ou sofrimento.

As instituições lacanianas mais importantes seguiram com o passe e, ao fazê-lo, continuaram a problematizá-lo, lidando com seus efeitos. Em parte pela dificuldade de criar algo próprio suplantando a figura do mestre, optando assim por manter o dispositivo a qualquer preço; em parte porque a encrenca é boa, nos faz trabalhar pessoal e institucionalmente e, talvez, funcione melhor em alguns grupos que noutros. Praticado em escolas de psicanálise lacaniana pelo mundo todo, o passe encontra em cada pequena instância formas melhores ou piores de sair dos impasses que cria.

E o que havia comigo, quando achei que poderia participar de um jogo cujas regras eu me recusava a reconhecer? Ignorar as disputas de poder dentro de uma instituição absolutamente passional como são as aglomerações psicanalíticas, para as quais as pessoas transferem o mais íntimo de si mesmas ao assumirem que ali se pode levar em conta o inconsciente, a sexualidade e a morte, era parte do meu sintoma. A necessidade de formalizar a experiência da análise me mobilizava.

Em 2016, fui informada de que o meu passe havia cumprido sua função de transmissão, sendo convidada a contá-lo publicamente para centenas de analistas num evento internacional. Isso implicava escrever uma experiência que até então só havia sido narrada, e o texto foi publicado em seguida. Reproduzo aqui sua parte final:

No só-depois

Depois da queda da transferência e do fim da análise, passei por um período de grande entusiasmo, mas que desembocou num vazio tremendo. Descubro inesperadamente que não poderia me valer do entusiasmo do fim da análise, nem do fato de já atuar como analista, não de forma inercial. Afinal, se me invento, não poderia fazer outra coisa de minha vida em outro lugar, com outras relações? Mandar minhas filhas viverem com o pai, morar em outro país, trabalhar com outra coisa e ter outro marido? Ou, ainda, nenhum lugar, nenhum trabalho, nenhuma relação. Poderia. Em nenhum momento desse período desejei voltar para a análise; não havia para o que voltar e ainda por cima havia uma estranha convicção na minha desolação. Continuei pela via dos sonhos. Gravava-os de madrugada e os escutava de manhã.

Aos poucos, fui escolhendo cada coisa de novo. De *novo*, ou seja, pela primeira vez. Fui descobrindo um entusiasmo diferente, sem garantias. Mesmo as que seriam supostamente dadas pelo fim da análise. Decepção necessária, não sem luto.

Na minha clínica, houve um ponto de virada. Ainda temia assumir todas as consequências de uma mudança de escuta que evita entender e que aponta para o Real. Mas, num dado momento, dei-me conta de que só poderia escutar meus pacientes se pudesse perdê-los, todos, sem exceção; se esse fosse o preço, então que fosse. Porque a concessão em nome do "bem" aponta para o pior, eu sei. O resultado de assumir esse lugar, sustentando o discurso analítico, foi que os pacientes passaram a vir mais vezes, e vieram muito mais pacientes. E o meu desejo de escutar para além do entendimento subverteu o caráter aversivo da minha clínica, ou seja, de versões infindáveis rumo ao pior. Hoje há muito mais diversão, ainda que não sem sofrimento. Pois é o melhor que podemos oferecer. E essa *é a aposta que me anima*.

Entre os sonhos que tive, há um que me trouxe aqui hoje. Na véspera de tê-lo, eu conversava com uma colega durante uma aula do Fórum, e ela me perguntava por que eu não era membro, ao que respondi que começara a estudar Lacan havia pouco e que me dedicava intensamente a outra instituição, não achando possível contribuir como membro. Naquela noite, tive o sonho a seguir:

Saio de uma aula do Fórum conversando com minha analista e buscamos uma palavra para explicar algo. Ela me diz uma palavra em alemão, e eu respondo que temos uma palavra para isso em português: ERRÁTICO. Ela repete a palavra em alemão, e eu insisto, im-paciente: "Pois é, RANDÔMICO".

Acordo curiosa e me ponho a escrever essas palavras.

ERRÁTICO — E R R A T I C O — ERRA IACO — VERA IACO.

ERRA: meu sintoma desde a infância.

VERA IACO: meu apelido para os amigos, que me diferencia de minha mãe, que também se chama Vera Iaconelli.

VERRA: meu nome pronunciado com o sotaque da minha analista.

VERA ERRA: motivo de vergonha fora de casa, mas de graça para meu pai, que ria de meus erros, ainda que ao preço de negar meu sofrimento na vida escolar e, posteriormente, na vida acadêmica.

TIO: irmão de meu pai que me incentivava fortemente a estudar e com quem meu pai tinha brigas homéricas.

Ao pensar nesse sonho na ocasião, imediatamente lembro, com forte emoção, que Lacan me capturou com sua ênfase, recuperada de Freud, na relação entre ERRO e VERDADE, esta última palavra sendo o sentido do nome Vera. Daí depreendeu-se o reconhecimento do desejo de analista. De não recuar diante do erro, mas de escutá-lo, de alçá-lo à dignidade de ato. Desejo que re-novo depois do período inercial do fim da análise e que o sonho vem nomear.

RANDÔMICO: de onde se pode extrair os nomes de minha analista, DOMINIC, de meu primeiro irmão morto, RICARDO, e de meu segundo irmão morto, "NIC" (começo esta última análise referindo-me a esse segundo luto impossível, de um irmão que morre em decorrência de uma cirurgia, com 45 anos). Em uma palavra, RANDÔMICO, o "arco" que fecha os lutos, incluindo o do *final de análise*. Randômico também tem o sentido de errático em português. A morte é inescapável e aleatória. Não há versão possível da morte. A morte é erro verdadeiro.

Tendo recolhido desse sonho o nome com o qual fiz a marca da minha identificação sintomática, o destino dado ao desejo de analista como permanente busca por escutar o erro/verdade do inconsciente e ainda o investimento em novos laços só possível a partir da realização dos lutos, apostei que valia a pena tentar transmitir essa experiência. Não o fiz sozinha, uma vez que o passe, como diz Glaucia Nagem em seu prelúdio a este encontro, é telefone sem fio, jogo infantil de soprar no ouvido do outro uma mensagem e descobrir o que chega no final. Neste final, não foi sem surpresa que me dei conta de que a Escola transmite algo ao AE, quando de sua nomeação. Algo muito desafiador e que causa. Esse sonho também me colocou frente ao desejo de testemunho do passe, ou seja, frente ao laço que me disponho a fazer no espaço da Escola e que responde ao desejo de contribuir com a transmissão. Quanto a isso, veremos.

Essa foi uma parte do relato que fiz para centenas de pessoas na Colômbia ao me tornar Analista de Escola, nomeação que vem com a realização do passe. O Analista de Escola, ou AE para os íntimos, é uma função que dura três anos, durante os quais se espera que quem passou pelo passe siga fazendo palestras sobre o tema. Algo que fiz também em São Paulo, para outras centenas de pessoas, dividindo a mesa com Colette Soler. Em seguida, Rio de Janeiro, Salvador, Natal... O texto tem passagens obscuras para não iniciados, travestidas de poéticas ao gosto do léxico lacaniano que aprendi a usar enquanto me familiarizava com o dito-cujo, mas não sem imprimir um estilo próprio. Gostei do resultado, é tão honesto quanto podia ser, sabendo o que eu sabia à época.

Formular o desejo de fazer análise, entrar nesse processo, percorrer seus caminhos únicos e tortuosos, chegar a seu final, assumir a transmissão desse percurso — contando publicamente os perrengues de uma vida —, recolher os efeitos dessa transmissão na comunidade à qual ela foi destinada, escolher afastar-se dessa comunidade, fazer o luto desse afastamento, formular outra análise e em outras bases, escrever sobre esse processo: é disso que se trata, mas não só. Escrever modifica tudo isso, criando ordem onde nunca houve, inteligibilidade no caos, e revelando furos naquilo que parecia completo e acabado.

Há passagens adoráveis nessa história do passe, como quando fui fazer as entrevistas com duas psicanalistas cariocas para acionar o dispositivo. Entrevistas que serviriam para averiguar se eu sabia ao certo do que se tratava esse pedido e se, sabendo, seria o caso de participar dele. Elas praticamente me deram, cada uma a seu tempo, uma aula sobre o funcionamento do Fórum do Campo Lacaniano, surpresas com a minha falta de informação. De fato, eu me recusava a saber, numa resistência que me custaria a permanência nele. Elas foram gentis e receptivas, não escondendo a surpresa, e até certo entusiasmo, com o caráter estrangeiro do meu pedido. Psicanalistas adoram quando o inconsciente dá bandeira, principalmente quando é o do outro e a uma distância segura. Mas havia um frescor nesse *não querer saber* que me levava a produzir algo inédito, uma indiferença pelas hierarquias e, portanto, pelas ambições institucionais. Esse pretenso não saber, contudo, também tem outro nome: sintoma.

Não duvido que essa minha estrangeiridade tenha pesado na nomeação como Analista de Escola. Hoje penso que viver à margem da família de onde vim, como um elemento que pertence, mas desde o exterior — esse paradoxo que escolhi para mim —, reaparece na falta de lugar em alguns agru-

pamentos. Para pertencer precisei ficar fora do centro, ex-
-cêntrica. Foi com essa palavra que defini em análise a forma
como me relaciono com minha família de origem. Aos olhos
das minhas entrevistadoras devo ter parecido um tanto ex-
cêntrica mesmo. Essa primeira leva de entrevistas, uma vez
acionado o dispositivo do passe, culminou com um sorteio de
nomes de psicanalistas que me entrevistariam, os passadores.
Trata-se de psicanalistas que estão lidando com o fim de suas
próprias análises, considerado um momento crucial do processo. Foram essas duas pessoas que me escutaram paciente-
mente durante alguns encontros, nos quais fiz um pot-pourri
da história da minha vida e do meu tratamento. Eu já estava
de saco cheio de me ouvir contar a história de *um pai alcoolista
— uma mãe reprimida — dois irmãos mortos*, e não conseguia
esconder meu enfado. Bem mais interessante foi poder contar como isso tudo deu lugar ao encontro com o vazio que o
vento enrodilha (aqui um bom exemplo de passagem obscura
travestida de poética).

Esses dois psicanalistas, um homem e uma mulher, seguiram para a França com a incumbência de transmitir a alguns
outros psicanalistas, de diferentes nacionalidades, o que haviam entendido dos encontros comigo. Lacan batizou de Cartel esse grupo de funcionamento muito próprio que recebe
os passadores e os escuta. Seus integrantes ouvem os passadores e decidem se consideram que houve a formalização do
percurso de uma análise até o seu desfecho. Não se trata de
dar o aval de que uma análise chegou ao fim, mas de avaliar
se houve formalização e transmissão do processo analítico.
Centenas de pessoas já acionaram o dispositivo do passe no
Fórum do Campo Lacaniano desde que ela existe no Brasil,

e poucos relatos foram considerados capazes de transmitir ao Cartel o desfecho de uma análise. De fato, até aquela data, no Brasil, só havia uma pessoa antes de mim, em vinte anos da instituição. O que eu também não sabia é que essa pessoa havia se afastado um pouco depois da nomeação. Do dia para a noite, eu, que nem era membro, apenas frequentadora dos seminários, passava a sê-lo por força da situação, rompendo a ordem convencional dos fatos.

O fetiche com a ideia de *final de análise* era tão palpável que nunca mais cheguei para um seminário sem que um certo murmúrio me acompanhasse. Por vezes, depois de uma apresentação, uma pergunta era feita diretamente a mim, entre todos os presentes: "E você, Vera, nossa AE, o que tem a dizer sobre isso?".

E do que se tratava tornar-se AE por esses anos? Receber convites entusiasmados para falar sobre o passe e sobre os problemas cruciais da psicanálise nos lugares onde havia braços do Fórum. E assim eu me somei a uma agenda normalmente intensa de viagens nas quais se esperava que eu falasse algo que valesse a minha ida, o que para mim era um risco permanente de me repetir, de falar bobagem, de não corresponder ao esperado. Enfim, logo eu percebi que respondia a essa demanda sem o entusiasmo que havia me levado até ela. Tudo isso misturado a encontros inesquecíveis com pessoas queridas que me tratavam com carinho e atenção. A sensação de impostura me atravessava, e as expectativas da fala sobre o *final de análise* vinham carregadas de fantasias idealizadas de grande parte da audiência. Mas o final de uma análise é justamente a queda de uma idealização de si e do outro. Trata-se de desmonte, iconoclastia, des-ser, vazio, enfim — como transmitir isso tudo quando o próprio lugar dessa transmissão está impregnado da ideia de um grande feito? Se essa questão tem resposta, eu não me dispus a encontrá-la.

Um ano depois, aproveitei um desses convites como AE para fazer uma fala final, na qual, para surpresa da audiência, declarei minha aposentadoria precoce do cargo. Esse ato deu lugar ao esperado disse me disse sobre minha permanência ou não como membro, uma vez que, ao ser nomeada AE, eu havia pulado o muro da instituição, diferentemente dos demais membros que haviam pleiteado esse lugar. A espontaneidade das relações já havia se perdido. Eu até podia continuar como membro, mas sem o prazer que eu tinha de frequentar os seminários, bem nos moldes da minha neurose familiar — revelando que o diabo sai pela porta da frente para voltar pela dos fundos.

A CASA NOVA, para a qual me mudarei em alguns meses, surgiu quando a pandemia já tinha acabado, na contramão do movimento que se deu durante o confinamento. Nós nos aguentamos o quanto pudemos, num esforço para lidar com quatro adultos com idades, hábitos e desejos diferentes. A corda roeu quando já podíamos dispersar. Propus que, em vez de nos separarmos — o que se cogitava —, fôssemos para um espaço maior e diferente. A passagem do apartamento para a casa alugada, onde eu nem sonhava um dia morar, foi um gesto disruptivo que desencadeou significados insuspeitos até então. A partir da mudança para a casa alugada, formulei o desejo de empreender a quarta análise, também lacaniana.

O impacto de uma nova relação com o espaço interno e com a rua — sem as guaritas, as barreiras e os funcionários que os conjuntos de apartamentos ostentam — foi tão grande, que nos vimos incapazes de voltar para a "lógica de condomínio". Depois de 25 anos, vendi o lugar onde minhas filhas nasceram e foram criadas, marcando o início do último terço ou quarto da minha vida. Dando um passo a mais, a ideia de continuar morando em uma casa se transformou no desejo de comprar uma, fato que imediatamente se associou à história do meu pai e do despejo, de seu impulso de perder tudo: a casa, o amor dos filhos, a vida.

Imaginei-o orgulhoso do meu feito: a quitação à vista de uma casa caindo aos pedaços e o compromisso de fazer uma longa reforma. Renovei meu apreço por esse pai que eu amava odiar na medida exata em que pude me separar da ameaça de sucumbir à sua loucura.

Antes de comprar a casa vizinha, me vi navegando no Google Earth e comparando-a com a casa da qual fomos despejados depois que meu irmão mais velho morreu. A da infância era maior. Além da óbvia competição imaginária que estabeleço com meu pai, medindo-me com ele, existe algo mais. Imagino-o feliz com minha casa, realizado através de mim. Sinto que ele teria a mesma satisfação que tenho com as minhas filhas quando elas assumem, bancam e realizam seus desejos. Acho até que ele como pai teria mais prazer do que eu como mãe ao ver um filho realizado, uma vez que sofreu muito com a paternidade violenta e ambivalente que desempenhou. A culpa por ter causado tanto sofrimento o arrastava para um ciclo vicioso, que lhe causava e nos causava mais sofrimento. Em vez de sentir vergonha pelos seus atos e se emendar, ele chafurdava na própria culpa de forma bem egocêntrica. Outra maneira de gozar de seu sintoma, afinal, ocupando-se mais consigo mesmo do que com aqueles a quem impingia sofrimento. Se fosse um pouco menos autocentrado e menos autodestrutivo, ele talvez pudesse ter feito algo melhor com sua culpa. Mas ele queria uma prova de amor apesar de toda a sua tirania, pleiteando um lugar de exceção que só os bebês têm o direito de reivindicar. Pois são estes que usam e abusam dos cuidadores sem piedade para, no momento oportuno, reconhecer que eles merecem *concern*, como diria Winnicott. Isso significa que mesmo os bebês são capazes de reconhecer, a partir de certo ponto, que o suposto amor incondicional é cheio de condicionantes, e que, se não se emendarem, correm o risco de perdê-lo. Mas, como diz Freud, a infância passa, crescemos, enquanto *o infantil*, que inclui nossas fantasias inconscientes, é imorredouro e atua em nós.

Eu não conseguiria imputar ao meu pai um prazer comigo como o que sinto pelas minhas filhas se não houvesse em nossa relação algo que apontasse para essa pequena abertura: pequenos gestos nos quais pude entrever sua satisfação com as realizações dos filhos. Na lama em que meu pai se debatia, ser respeitado e amado pelos filhos parece ter sido uma questão crucial, embora ele tenha fracassado nesse aspecto, na maior parte do tempo. A casa ao lado é o resultado do que fiz com a herança dele — aquela que ele não queria que fosse aferida pela quantidade de dinheiro que deixou. A fim de me apaziguar, conto para mim mesma a história de que ele iria adorá-la.

Alguns anos depois de mudarmos para a casa alugada, minhas filhas, cada uma a seu tempo, foram estudar fora do país, me obrigando a lidar com uma nova configuração. Foram duas décadas e meia de trabalheira e investimento pessoal, durante as quais meu tempo foi pautado pelo delas, numa logística que só as mães conhecem integralmente. Não só viabilizamos suas agendas e oferecemos todo o apoio material de que precisam, como pensamos suas vidas, antecipando e planejando suas necessidades como nenhum homem faz. As parcas exceções paternas nessa lida só servem para confirmar a regra. Depois de 25 anos me ocupando e preocupando diariamente com elas, me vi em um papel inédito.

Desde a adolescência delas, quando o convívio doméstico foi ficando cada vez mais anacrônico, me fazia bem imaginá-las morando em suas próprias casas, vindo me visitar, recebendo minha visita ou marcando encontros comigo. O iogurte e o kombucha devidamente colocados na geladeira sem que eu tivesse que me lembrar de os repor semanalmente, enquanto durasse a moda de consumi-los. Entendo quem gosta de ter filhos adultos em casa, mas não comungo do desejo de eternizar essa convivência no espaço doméstico.

Meu desejo foi realizado com uma radicalidade inesperada, quando elas saírem de casa se revelou não uma mudança de bairro, mas de continente. Ambas, por razões distintas e em cidades distintas, foram morar no país dos meus avós paternos, aprendendo a língua e os costumes deles, o que me soou como uma peça pregada pelo destino.

O esquema desde então é o seguinte: me vejo emocionada sábado de manhã em frente à geladeira do supermercado onde o kombucha me observa inerte sem entender por que não vou levá-lo para casa, sob o olhar de um comprador que dá sinais de impaciência com minha hesitação.

Nesses poucos anos de adaptação a esse longínquo convívio, aprendi algumas coisas, ainda que não tenha me acostumado a nenhuma delas. Cada despedida é um coice, uma sensação de que, a partir dali, se precisarem de mim para uma emergência, pegarei carro, avião e trem, atravessarei o oceano Atlântico, gastarei uma fortuna e, mesmo assim, não chegarei a tempo de socorrê-las. Além disso, a experiência com o tempo tornou-se outra, diferente daquela na qual o dia a dia nos dá a falsa impressão de que quase nada está acontecendo. Cada encontro é com uma nova pessoa, no caso duas: as filhas; ou três, se me incluo; e contando ainda o padrasto, o pai delas, a madrasta e as enteadas, temos todos os pinos do boliche prontos para o strike do reencontro.

A cada novo contato a exigência mútua de que reconheçamos e respeitemos nossas transformações. Nada poderia ser mais justo. Se passadas cinco décadas sigo falando de pai e de mãe, é porque as funções parentais nos assombram para muito além das pobres pessoas que as encarnam.

Elas vêm com saudades, novidades e reivindicações, e nós também, gerando um encontro intenso e significativo, não sem a inescapável dose de desencontro e sofrimento das relações humanas. A ideia de que não terei infinitos anos de qualidade ao lado delas me dá uma sensação de urgência, e quando vejo que estão se apaixonando por pessoas de outras partes do mundo, pressinto o tempo em que vou sentir saudades de quando elas moravam ambas ao menos no mesmo continente.

Quando elas eram pequenas e voltavam dos fins de semana com o pai, chegavam em casa domingo à noite com aquela saudade que crianças de três e seis anos ainda demonstram — algo com que na adolescência não se pode contar. Chegavam farejando o que havíamos feito na ausência delas, temendo que não tivéssemos sentido sua falta, embora, durante o tempo que passavam com o pai, tampouco demonstrassem sentir a nossa. Uma vez, encontraram o apartamento na penumbra, apenas com alguns abajures acesos. A mais nova perguntou, desconfiada: "Que *climinha* é esse!?", expressão que nos faz rir até hoje.

Análise

Conversando com elas agora sobre essas histórias, fico sabendo que na adolescência, num fim de semana no qual ambas estariam fora, uma delas resolveu voltar de madrugada para casa sem avisar. Entrou na sala, no escuro, pé ante pé, e tropeçou em roupas espalhadas pelo chão. Teve o bom gosto de retornar para o lugar de onde havia vindo, sem comentários. Ao entrar na casa de um casal apaixonado de madrugada, sorrateiramente, sem ser aguardada, ela tentava negar o óbvio: que os pais têm uma vida sexual, assunto indigesto para qualquer filho. Freud não cansava de afirmar que por trás de todo conhecimento racional estão as teorias sexuais infantis, a partir das quais atuamos. Tampouco é simples para os pais lidar com o reconhecimento de que os filhos desde a adolescência têm uma vida sobre a qual não arbitramos.

Sobre a herança do meu pai incluo o fato de que, segundo minha mãe, o encontro sexual dos dois foi muito bom. Se não foi suficiente para ele — uma vez que, para além da outra família, eu soube que tinha relacionamentos esporádicos —, para ela foi bem marcante. Gosto dessa ideia, que sempre me acompanhou e me permitiu lidar com o tema sem grandes comoções. Ou melhor, sem que a comoção inerente à sexualidade fosse incrementada pelas questões sexuais dos meus pais.

— A MUDANÇA DE CASA mexeu muito comigo, eu não contava com a mudança, foi no susto da pós-pandemia. Estávamos de saco cheio do apartamento, do convívio forçado entre duas jovens e um casal de meia-idade. Surgiu essa oportunidade e essa necessidade, e, de um dia para outro, alugamos a casa de uma amiga que tinha acabado de se mudar. No mesmo fim de semana que ela saiu! E depois compramos a casa vizinha, vendendo o apartamento. Uma mudança brusca.

— ...

— Foi nesta análise que comecei a escrever.

— Começou a escrever?

— É curioso dizer que comecei aqui, tendo lançado outros dois livros recentemente. Faz anos que escrevo, é uma das coisas de que mais gosto.

— O que começou, então?

— O livro sobre minha família, minha análise, sobre as casas. A escrita da minha própria análise, que comecei na época em que fiz o passe e que descambou para uma chatice institucional.

— Interessante você colocar as casas junto da análise, da família...

— Isso me faz lembrar das casas da minha infância: a primeira, onde nasci; a segunda, onde meu irmão morreu e da qual fomos despejados; a terceira, onde moramos graças à generosidade da minha tia do Tatuapé; depois a que compramos quando meu pai se recuperou financeiramente... E as casas em que morei depois que saí de casa, como se diz. Cada uma coincide com uma mudança radical na minha vida.

— O que muda agora?

...

— É a última parte da minha vida; minha mãe morrendo, meu envelhecimento, a saída das minhas filhas de casa, a visita dos netos, o amor e o sexo depois dos sessenta...

— Você começou a escrever...

— No primeiro dia da faculdade, minha professora de filosofia nos perguntou por que a psicologia. Eu disse que a minha prioridade não era ser psicóloga, mas que eu me interessava pelo que move as pessoas. Na época eu não sabia pôr em palavras, mas o que me interessava era o inconsciente em todas as suas expressões: na clínica, na arte, na política...

— Na escrita?

— Sim!

— Até.

"Só a escrita é mais forte que a mãe." Ouço essa citação de Marguerite Duras, em análise. Análises não são feitas de grandes frases, pelo contrário; são feitas de boas pontuações, como essa.

Sonhei que me olhava no espelho do banheiro e via duas imagens de mim mesma, uma ao lado da outra. Eram imagens bem fidedignas da minha aparência hoje, o que me impressionou bastante ao recordá-las. Eu nunca havia sonhado com uma versão tão atual de mim mesma, uma mulher de sessenta anos. Olhei para o lado para ver essa outra eu, que também se mirava no espelho, e qual não foi minha surpresa quando me dei conta de que ela não tinha seios, mas um belo peito peludo masculino, com fios brancos e tudo. Não canso de admirar a composição dos sonhos, e poderia me deter nessa questão se não soubesse que estou enrolando. Abaixo da barriga masculina, um pênis, óbvio. Talvez "óbvio" não seja uma boa palavra, uma vez que fiz questão de me dar um exemplar bem avantajado. A partir daí o sonho se resume à minha tentativa de ser penetrada por esse órgão nada modesto. Minha versão masculina parecia ter coisas mais interessantes para fazer. Ele/a, ou seria melhor dizer elu?, não parecia especialmente a fim. Mesmo assim, acordei tendo um orgasmo.

É A MAIS BANAL DAS NARRATIVAS: uma família cujos pais carregavam dramas peculiares, que os levaram a criar, inadvertidamente, uma prole infeliz. Dos seis filhos em comum, dois morreram, três se organizaram em volta dos pais, uma — a que leva o nome da mãe — se desgarrou. Soa injusto que aquela que saiu se sinta no direito de voltar para contar as intimidades da família. Não, talvez não seja injustiça, mas a distância necessária, ou pior, a nostalgia tentando reter algo daquilo que é irrecuperável nessas relações nas quais os afetos são fundados. Algumas datas e situações trazem essa borra, essa onda de nostalgia de um amor que já foi tudo na minha vida: pelos pais, pelos irmãos, pela casa. São as ditas festas familiares, com as quais me debato todo ano. É um fundo pegajoso dos afetos quentes que fizeram de mim quem eu sou e da memória das pessoas envolvidas nele.

A herança do meu pai, último fio de ligação, eu declinei em favor da minha irmã mais velha. Não aguentei manter esse ponto de ligação que se resumia às pequenas discórdias e disputas de poder por uma herança que meu pai dizia não fazer questão de deixar para os filhos. Inúmeras foram as situações nas quais ele se vangloriou de não ter herdado nada do meu avô e nas quais insinuou maldosamente que meus primos só se interessavam pela fortuna do meu tio. Renunciar à herança do pai, para a psicanálise, com suas leituras canônicas do lugar do pai, parecia uma derrocada analítica. Mas isso seria confundir herança simbólica com bens registrados em cartório, e ainda fazer supor que devemos aceitar qualquer coisa que vier do outro. Do meu pai recebi inúmeras coisas boas — tive que garimpá-las no meio de muita porcaria —, e uma delas foi o respeito pelo seu desejo de ser amado para além do provedor que encarnou. Não sei exatamente por que ele se ressentia tanto de ser esse provedor, mas reza a lenda que foi por ter se tornado o arrimo da família, enquanto o irmão-rival estudava para virar o "doutor" da família. Não um médico, mas alguém com diploma superior. O método do meu pai, e sei que me repito, era provar que era capaz de ganhar muito, deixar que usufruíssem de suas conquistas, perder tudo acintosamente, nos obrigando e a si mesmo a lidar com a falta. Essa herança eu declinei.

— Sinto tua falta, por que você não me liga, filha? — minha mãe me pergunta quando lhe telefono, numa chamada de vídeo, para desejar feliz Natal.

Nosso último encontro havia sido quatro meses antes, no seu aniversário, em agosto. Ela está deitada, usando o CPAP, o que lhe dá uma aparência frágil, hospitalar. Faz anos que não temos o hábito de nos visitar. Houve um tempo em que minha mãe foi morar em Santos. Quando eu ia visitá-la, depois de pegar uma hora de estrada, sentávamos para tomar um café rápido perto de seu apartamento, depois eu pegava mais uma hora de estrada para voltar. Detesto dirigir em estrada, principalmente sozinha. Quando mudei para a casa alugada onde me encontro hoje, e minha mãe já tinha voltado a morar em São Paulo, aproveitei a novidade para propor que "o pré-Natal" fosse aqui. Parecia que tudo se acertaria, imaginei que se abriria uma nova temporada de encontros entre nós, num espaço diferente. O lance de escada para entrar na casa inviabilizou a proposta.

O pré-Natal foi a forma que a minha irmã mais velha encontrou para que nos reuníssemos nessa época, sem comprometer o Natal, quando cada um prefere passar em um canto diferente. O encontro acontecia na casa dela, mas era sempre um esforço para juntar as pessoas e combinar as coisas, com grande dedicação da parte dela. Depois de uns cinco natais, o tecido se esgarçou mais um pouco e passamos a nos encontrar numa padaria para as datas de família e num restaurante para os aniversários. Ela foi morar em outra cidade e o meio de campo que sempre fazia acabou por se deteriorar de vez. O último Natal se reduziu a mensagens de WhatsApp e alguns telefonemas. O Ano-Novo passou em branco. É difícil admitir, mas famílias têm começo, meio e fim.

O que deteriora as relações que têm potencial para florescer são os não-ditos. Os acontecimentos, por mais terríveis que possam ser, terão efeitos mais ou menos desastrosos a depender do quanto podem ser reconhecidos e compartilhados, de como podem ser inscritos simbolicamente. Caso contrário, a angústia, esse afeto difuso e perturbador que não encontra as palavras para ser costurado ao tecido da vida, funciona como um ruído ensurdecedor, do qual fazemos tudo para nos esquivar. A angústia é a dica certeira de que algo precisa ser escutado, mas não dá para viver sob seu permanente jugo.

 O psicanalista maneja esse afeto que lhe serve de guia e termômetro: não cabe esticar ou afrouxar demais a corda. Sem angústia não há análise, mas, a depender da intensidade, vale um olhar ou uma palavra de conforto, nem que seja "Volte para outra sessão ao final do dia". A minha família, como inúmeras outras, tem por hábito não falar nada sobre o que dói, transformando o sofrimento em adoecimento. Silêncios e omissões são o modus operandi deixado por meu pai e pactuado por nós. Nada poderia ser mais distante do que propõe a psicanálise.

Eu era pequena e estudava numa escola da elite italiana de São Paulo. Devia ter uns sete anos de idade, estava no parquinho e observava duas colegas disputando ferozmente um balanço. Havia lugar para todas, estávamos por alguma razão só nós três, mas era uma questão da cor ou da posição daquele assento específico, ou seja, uma disputa infantil corriqueira. Me lembro de ter dito com amarga convicção algo como "Quando vocês crescerem e ficarem velhas vão lembrar dessa briga e achar ridículo tanto choro por uma bobagem". Não houve réplica do lado delas, apenas aquele olhar, que eu já conhecia, que se lança a uma pessoa esquisita. Essa é uma *lembrança encobridora* de sabe lá Deus o quê, do contrário não teria como retornar insistentemente depois de tantas décadas, pinçada entre infinitas outras cenas banais do dia a dia. Eu era aquela criança bizarra que falava de arrependimento, velhice e sofrimento, quando o normal seria estar me estapeando com as outras duas por um lugar no balanço cor-de-rosa.

Aos sete anos eu já não confiava no meu pai, torcia para que ele não viesse nos buscar na escola, tinha encarado com cinismo e prazer a dor dele diante da morte do irmão e sentia medo o tempo todo. Meus pais davam mostras de não estarem preparados nem psicológica nem fisicamente para receber uma segunda leva de filhos, da qual eu fazia parte. Minha irmã mais nova dormiu no quarto dos meus pais até os seis anos, eu numa bicama no minúsculo quarto da minha irmã mais velha, enquanto meu irmão dormia numa caminha arranjada no quarto dos dois mais velhos. Os não-ditos, para uma criança como eu, fechada em um mundo de elucubrações sobre a vida, eram barulhentos demais. Tentar adivinhar as motivações dos outros, antecipá-las, era um jeito de estar preparada para o pior.

Eu não soube o que responder a minha mãe quando ela me perguntou sobre minha ausência. Sobre por que minhas visitas haviam rareado. Balbuciei uma resposta qualquer. Mas é pior do que isso: eu não soube responder para mim mesma, quando levei a questão para a análise.

— Oi.

— Oi.

— Falei com minha mãe e ela me perguntou por que não tenho ligado nem ido lá. Disse que sente minha falta.

— Hum.

— Eu não soube responder. Fiquei abalada com a pergunta, com a cena toda dela frágil usando o CPAP, deitada.

— ...

— Eu tinha uma família, pais, irmãos, já tivemos afinidades, nos encontrávamos nas datas regulamentares. Funcionava mal, mas funcionava. Depois da morte do meu pai, perdemos aquele centro agregador, forçado, mas aglutinador. Em seguida, a morte chocante do meu outro irmão, que veio junto com meu divórcio. A minha mãe, claramente cansada das infinitas demandas familiares, sem nenhuma aspiração gregária; o inventário que trouxe de volta a outra família. Um luto sem fim, tudo foi se dispersando, esgarçando. Quando estou com eles, sem que falemos sobre isso o ar fica pesado, não consigo achar graça em nada. Acho que minha família está acabando. Cada um formou seu núcleo e talvez eles não se juntem mais.

— Te surpreende?

— Insisto em questionar a família que tenho hoje porque continuo assombrada pela imagem da família que eu tive antes. Que não era feliz, mas era unida.

— Então essa é a família que você tem hoje? É essa?

— Sim, essa é a família que tenho: tão boa ou ruim como qualquer outra.

— Sua mãe disse que sente sua falta?

(*Suspiro*)

— Fiquei tão feliz por ela ter se emancipado, ter tido uma vida depois do meu pai, ter sobrevivido à morte de dois filhos. Para mim foi um sonho de infância realizado, que ela tenha tido uma vida...

— Mas?

— É horrível reconhecer que eu queria que ela tivesse assumido o centro, que promovesse os encontros, que juntasse a família, um clichê absoluto de Mãe com M maiúsculo. Sei lá, que nos quisesse acima de tudo ao lado dela.

— Sua mãe disse que sente sua falta.

Escutei.

— Até quarta.

Os rapazes me chamam para acompanhar a colocação dos azulejos da fachada da casa ao lado, inspirados em Athos Bulcão. Rafael, que instalou os pisos cerâmicos nos banheiros e no quintal com precisão de artista, quer ter certeza de que pode dispor das peças, compostas de semicírculos vermelhos sobre um fundo branco, da forma que quiser, sem seguir um padrão que repita um desenho. Eu já havia explicado que sim, que caberia a ele colocá-los como bem entendesse, tendo como regra justamente abdicar da repetição simétrica e reconhecível das peças. Ao final, como preconizava Bulcão, a obra será do pedreiro e não de quem desenhou o azulejo. Ele me chama porque já assentou duas fileiras e quer se certificar de que não reclamarei do serviço no final. Vou lá apenas para bancar o combinado, reafirmando que aquela parede será assinada por ele, que ele pode mandar ver. Estou na calçada quando ouço Rafael dizer para o ajudante: "Aqui o errado é o certo". Nada poderia soar mais psicanalítico.

A FUNÇÃO DA ESCRITA segue enigmática para mim, e a angústia que a acompanha me faz pensar que essa é uma das poucas situações — entre as quais eu incluiria a clínica, a leitura e o sexo — em que ou estamos totalmente presentes ou nada acontece. Me lembro de *Cortina de fumaça*, de 1995, da cena na qual o escritor, interpretado por William Hurt, depois de um longo período de inibição da escrita, digita ferozmente em sua Olivetti, fazendo um prato com restos de comida ir se deslocando lentamente. O prato se espatifa no chão sem que o personagem esboce qualquer reação. Vale lembrar que ele vinha de um longo período se debatendo com o luto pela morte da esposa. "Como posso me deslocar para esse lugar de ensimesmamento, se não paro de pensar na mulher que perdi? Como posso resistir a me enfurnar nesse lugar para, justamente, não ter que pensar na ausência dela? Ou ainda, como posso fazer desse deslocamento uma forma de diminuir o fardo dessa perda sem negá-lo, ajudando a elaborá-lo?" Essas são as perguntas que imputo ao personagem, delirantemente.

"Um boi para entrar, uma boiada para sair", penso. Parece que a resistência a escrever é o medo de ser tragado pelo fluxo de ideias que tem o poder de nos abduzir do mundo real, nos arremessando para uma solidão radical, da qual saímos a cada vez como quem volta do coma. O que terá acontecido enquanto eu estava lá? Perdi alguma coisa? Corri algum risco? Quem velava por mim? Ou pode ser que seja o contrário e a escrita se dê de forma controlada e metódica, como a atenção do ourives combinando minúsculas peças sob o olhar agigantado de uma lupa. Ou pode ser ainda que as ideias ocorram nos momentos mais inapropriados, obrigando a fazer anotações na superfície mais próxima, que serão resgatadas assim que houver chance.

Da minha mãe herdei os olhos verdes, a pele clara, o cabelo liso precocemente embranquecido, a saúde invejável. São marcas do que herdei também de meus avós anônimos através dela, embora eu goste de pensar que são predominantemente da minha avó. Dela ganhei de herança ainda o enigma sobre nossas origens, algo que vem sendo o fio condutor do meu trabalho. Também posso dizer que, observando o lugar de sacrifício e peso que a maternidade teve em grande parte de sua vida, assumi o desejo de vivê-la de forma diferente. Demorei para me decidir pela maternidade, e fiquei atenta para não cair na armadilha de renunciar aos meus desejos. Na maioria das vezes consegui, embora, para toda escolha, a renúncia a algo seja uma condição. Entendi que a ânsia de viver da minha mãe é sua maior lição, marca fundamental de seu século de vida, aquela que ainda estou tentando apreender.

Como eliminar a deturpação das lembranças encobridoras, com suas cortinas de fumaça, escondendo tanto quanto revelam e que, noves fora, me convencem de que fui ludibriada? Dizer a verdade, nada mais do que a verdade, escrever à vera!

Chega de se fiar nas fake news do inconsciente, essa miscelânea de cenas alegadas, cujas datas não batem e cujas inconsistências são apontadas pela memória, causando constrangimento em quem nelas acreditou. O papel aceita tudo, mas em qual palavra nos podemos fiar? Como cúmplices nesse delito uso Freud, para quem a única realidade que interessa é a psíquica, e Lacan, para quem a verdade tem estrutura de ficção. E se apelo para o argumento de autoridade é para disfarçar minha incapacidade de escrever de outra forma que não seja tropeçando nas imagens que se sucedem a cada vez que encaro a ameaçadora tela em branco.

Meu pai era um tipo carismático, por quem os amigos eram capazes de fazer grandes gestos de lealdade, como quando ele ganhou a concorrência para instalar o sistema de segurança contra incêndio no Copan, por volta de 1966, ano de sua inauguração. O Carmelo, seu grande amigo, era um dos responsáveis por escolher qual empresa, entre as concorrentes, aparelharia o icônico prédio com extintores e mangueiras. Sabendo que meu pai vendia esse material e que sustentava cinco filhos, com mais um a caminho, combinou que o favoreceria, numa tramoia que até hoje me enrubesce. Bastava apresentar-se junto aos outros candidatos na data marcada e colocar os produtos para funcionar. A piada que passei a infância escutando é que, na hora da encenação da falsa concorrência, só o produto que meu pai representava falhou, deixando o comparsa numa situação no mínimo constrangedora. Mas amizades estão acima de tudo, e deu-se um jeito. Com esse dinheiro, na zona cinza da ilicitude, é que meu pai, de filho de imigrantes pobres, passou a dono do próprio negócio. E, como não havia passo associado a meu pai no qual o elogio não viesse acompanhado de algo ambíguo ou francamente condenável, sua figura se mostrava de uma complexidade atroz. Em reação a isso, cultivei um legalismo um tanto exagerado, do qual fui acusada muitas vezes, que me impedia de praticar as contravenções próprias da juventude e que só foi curado pelo convívio com amizades bem menos caga-regras do que eu. Além disso, a psicanálise subverteu meu legalismo em favor da ética, mais justa, consequente e responsabilizadora.

Meu pai também era paraquedista, tendo ajudado a fundar a primeira escola de paraquedismo civil de São Paulo, ou algo similar, fato biográfico que lhe dava um ar aventureiro e másculo. Viajava para Boituva para saltar, carregando a mulher e os três filhos mais velhos, então pequenos, que ficavam apreensivos aguardando que o pai se jogasse de um avião e descesse em segurança preso a uma barraca colorida. Isso durou até que minha mãe deu um basta a tanta aflição. Não foram poucos os colegas dele que morreram saltando, por descuido ou suicídio, e meu pai tinha um pé em cada uma dessas possibilidades. Minha tese de doutorado começava com a seguinte dedicatória, um tanto enigmática para quem não conhecia essa história:

Minha mãe riscava a seda,
Levava-a à máquina e, com o olho espremido,
Aproximava perigosamente a mão da implacável agulha.
Da máquina de costura, para nosso total assombro,
Surgia um corpo a ser preenchido...

Meu pai paraquedista saltava do avião num abraço infinito
em direção à Terra,
De onde eu, minha mãe e meus cinco irmãos o fitávamos.

> Aguardávamos atônitos sua queda iminente,
> Amortecida pela seda costurada...
>
> A vocês, meus primeiros amores, aqui vão meu salto e
> minha costura.

Nunca presenciei meu pai saltando, trata-se de licença poética, mas a dedicatória ficou bonita.

Freud exortava seus pacientes a dizerem tudo o que lhes viesse à mente, não importando quão insignificante, irrelevante ou embaraçoso pudesse parecer, em busca do que chamou de *associação livre*. Aliás, o embaraço já revelava que, provavelmente, havia algo sobre o qual valeria a pena saber mais. No entanto, diante das hesitações e dos silenciamentos, ele logo percebeu que de livre a associação não tinha nada. Da incapacidade de seus pacientes de saírem falando sem entraves Freud deduziu que havia uma censura na fala que revelava a resistência do paciente. Em parte consciente, mas em grande parte não, a resistência se apresenta de muitas formas e é perene, não podendo ser inteiramente superada.

— Pensei uma coisa, mas é bobagem.
— Ah, tá!
— (Risada) Ok, vai. Me lembrei de uma botinha branca que eu usava quando pequena. Imagina, anos 1970, eu com sete anos, me achando uma deusa da Jovem Guarda de botinhas de cano alto brancas!
— ...
— Não faço a mais puta ideia do que isso significa, mas me lembro de estar no Ibirapuera com minha família passeando com esse visual e de experimentar essa sensação de normalidade, que eu colecionava mas que era rara como figurinha premiada.
— ...
— E tem essa outra cena, que não sei se foi nesse mesmo dia, em que meu pai conta que a secretária tinha tido um bebê. Na verdade, era uma conversa de adultos na qual me intrometi. Perguntei se ela estava feliz. Ao que meu pai respondeu irritado que, claro, ela estava *subindo pelas paredes*. Que expressão esquisita, e como me marcou essa frase, que hoje me soa como puro desespero. Depois ainda viria outra criança, dele também e igualmente clandestina.
— Clandestina?
— Minha mãe foi uma filha clandestina. É engraçada essa palavra: *clã destina*, soa como o destino da família.

— Filha clandestina, família clandestina.

— Acho que entendi a segunda ninhada dos meus pais — eu e meus dois irmãos próximos em idade — como um erro, uma sobra, talvez clandestina. Os dois meios-irmãos vieram depois, então, o resto do resto.

— ...

— Clandestino é fora da lei.

— De qual lei?

— ... A lei do desejo é sempre um tanto clandestina, né?

— ... Parece que sim.

Quase uma centena de caçambas depois, que deram à reforma ares de construção original, chegou a vez do som da maquita, misto de motorzinho de dentista com motosserra. Sinal de que, embora ainda tenhamos caçambas por vir, uma nova fase se inicia. Os planos mirabolantes de Cebolinha cederam lugar à dura realidade de vigas e colunas inegociáveis, o que deu para tirar foi tirado, restou aquilo sem o qual a estrutura ficaria comprometida. Não vai dar para fazer tudo de novo, e, se desse, ainda assim o novo não escaparia dos tropeços a que toda criação está condenada. É uma fase que mistura a expectativa em relação ao que está por ser instalado com o que já se concretizou. O choque entre o imaginado e o real se atualizando todo dia.

Pedaços de cerâmica, azulejos, pedras e vidros vão cobrindo algumas partes mais sensíveis, enquanto a tinta cobre outras, num jogo de mostra e esconde que, findo o trabalho, parecerá ter estado sempre lá. Sinto-me como um ermitão à espera da próxima concha, para onde correrei assim que se mostrar suficientemente habitável. Na contramão das minhas próprias expectativas, decidi ir para um lugar maior, com dois lances de escada e quintal, respondendo a uma lógica que não se mostra fincada no bom senso.

Comecei essa última análise, a que veio depois do *final de análise* preconizado por Lacan, insistindo no uso do significante "casa", fato que não passou despercebido pela escuta atenta da analista, mas que para mim soou estranho. Eu falava da saída do apartamento onde havia morado por 25 anos, da mudança às pressas para uma casa alugada depois da pandemia, quando eu, minhas filhas e o padrasto delas entramos numa crise. Falava das perdas relativas ao processo de passe, do trabalho como analista e da minha família de origem. Falava de amor e de sexo pós-menopausa, e da escrita. Mas o que sempre voltava, como uma torneira que pinga sistematicamente por mais que se aperte o registro, era *casa*, nos deixando atentas e curiosas diante desse significante enigmático.

Já não era mais o tempo de acumular sentidos, como quem preenche um álbum de figurinhas fissurado em encontrar aquela que falta para completá-lo, para começar tudo de novo assim que outro álbum for lançado. Os significados da casa deram lugar ao que fazer com ela, ao que ela poderia criar de novo. A casa é a da infância, acolhedora, mas onde não cabíamos todos, e também é a casa espaçosa e trágica de onde fomos despejados. A casa é aquela na qual minhas filhas cresceram, e que se tornou anacrônica para seus desejos, mas também é aquela que alugamos para que os sonhos de todos pudessem caber. A casa que inventei ter herdado do meu pai, embora com meu dinheiro, aquela que marca minha entrada na velhice e que sonhei ser grande, para abrigar minhas paixões, que descobri serem muitas.

— Oi.

— Oi.

— Essa semana entrei num fluxo de escrita e percebi que o bicho é brabo, não conseguia parar. Temi cair num ensimesmamento, que talvez conheça da infância. Daquela menina meio esquizoide que lembro ter sido, mas não só.

— Mas não só?

— Hahahaha. Não apenas esquizoide, pensei dizer, mas você pontuou bem: eu não era uma criança antissocial, apenas fabuladora, cheia de histórias rolando na minha cabeça.

— Ok.

— Tive essa festa aos oito anos, na qual ganhei o LP recém-lançado dos Secos & Molhados e recebi meus coleguinhas de escola. Lembro de ter dançado muito, uma lembrança certamente facilitada pelas fotos. Meu pai adorava quando brincávamos e me elogiava quando eu dançava, e até hoje me sinto estranhamente querida quando danço.

— E você falava da escrita.

— É, associei a escrita à dança e ao olhar do meu pai. É tão caro o olhar de um pai para uma menina. Em se tratando do meu pai, que era osso, me dá uma sensação de normalidade, de uma relação bacana entre um pai e seus filhos. Isso também existia, esporadicamente, e essa lembrança é uma prova.

"E tinha esse livro que ele passou a vida procurando dentro de casa, que seria de autoria do Balzac, *A mulher de trinta anos*, mas na verdade ele estava procurando um poema. Um troço confuso, porque é um conhecido romance e não um poema. Cheguei a achar que era algo do Bilac, porque tinha poesias dele na estante. Enfim, o conhecido telefone sem fio da minha família. Essa conversa de loucos que minha mãe reproduzia com credulidade religiosa, reafirmando que havia mesmo esse poema. Ficou como uma mensagem dentro da garrafa que talvez eu encontrasse, e com ela uma pista sobre o desejo do meu pai, algo que ele queria nos dizer. Mas o que ele queria dizer era que amava outra mulher e ficava na maior fossa ouvindo Elizeth Cardoso, com o olhar perdido, pensando nela e bebendo até dormir."

— Ele procurava um poema.

— Pois é. Achei que escrevia movida pela relação com a minha mãe, mas depois de um certo ponto só penso no meu pai, numa versão na qual a loucura dele fica de fundo e ressurgem cenas engraçadas, curiosas, comoventes. Se antes eu temia entrar, agora não consigo resistir.

— Tá...

— Me lembrei da Rosa Montero dizendo que "a gente sempre escreve contra a morte", e meu pai era o cara que corria de braços abertos para ela, que se deixava morrer. A Rosa, nesse mesmo livro, fala da perda que se dá entre as maravilhas que imaginamos escrever e a dura realidade da letra na página, o horror pelo que se perde nessa passagem, que é um outro jeito de falar da castração: algo sempre fica de fora, perdemos.

— Perdemos. Seu pai se atracava com a morte, ele procurava um poema. E você?

— ...

A MINHA MAIOR GRATIDÃO para com os três analistas que me ajudaram a chegar até aqui, o mérito que associo ao trabalho deles, é nunca terem saído de suas posições de analistas a ponto de comprometerem o tratamento. Mesmo quando implorei a meu segundo analista, que era um conhecido psiquiatra, para que me medicasse — na época em que o puerpério e o divórcio foram seguidos da morte de um irmão —, ele foi firme e acolhedor ao me explicar que não seria ele a fazer tal prescrição, que poderia me indicar alguém, mas questionando analiticamente o porquê da ideia de me medicar. Todos os momentos de desespero ultrapassados com os demais analistas foram ultrapassados pelo método analítico. Ao chegar na menopausa, numa crise insidiosa, mas longe de ser catastrófica, procurei uma psiquiatra — com formação analítica, diga-se de passagem — para me medicar. Ela não foi minha analista, mas teve uma escuta clínica da qualidade de uma, sem confundir os tratamentos. Não me incomodo absolutamente que meus pacientes procurem cartomantes, florais de Bach, jogos de búzio ou façam do Caminho de Compostela a panaceia para seus males. Não posso oferecer-lhes nada disso, mas posso tentar escutá-los até que descubram o que esperam com tudo isso, sem nenhum interesse particular em demovê-los, ainda que em alguns casos fique claro se tratar de resistência a escutar o inconsciente.

Nessa época perguntei para minha mãe como havia sido a menopausa dela. Ela respondeu que não se lembrava de sentir nada e que, portanto, a dela foi assintomática. Na verdade, me dei conta, ela estava em plena menopausa quando descobriu a vida dupla do marido, perdeu o filho mais velho, sofreu uma cirurgia ginecológica e foi despejada, com o que os perrengues da menopausa se tornam um detalhe irrelevante a ser lembrado.

Meus pais foram pobres coitados que não conseguiram evitar transmitir suas mazelas aos filhos. Meus pais foram massacrados por filhos que sugaram suas parcas energias num mundo em que ser pai/mãe era um imperativo. Vai saber. O que importa é que, ao me implicar em minha análise já nas entrevistas iniciais, assumi que eu tinha parte com minha própria queixa, que ela me incluía. A análise me obrigava a me perguntar o que eu tinha feito com esse enredo de novela ítalo-brasileira. Em algum momento dessa história tive a sorte de topar com um analista que bancou, por desejar analisar, minha entrada em análise. Ele com o desejo de analista, essa coisa aberrante que é se dedicar a ouvir o inconsciente, o dele mesmo e o de alguns outros, dentro do dispositivo de uma análise. Eu porque assumi, com muito custo e grande resistência, que havia algo enigmático em mim e cuja decifração poderia me ajudar a sofrer menos. O fato de que eu imputasse ao analista um saber sobre a verdade do meu sintoma fez com que me dirigisse a ele e não a outro profissional. Desse encontro decorreram anos de análise, com alguns analistas que se mantiveram firmes em suas posições desejantes, e por essa firmeza lhes serei sempre grata.

Em português e em espanhol temos os verbos *ser* e *estar* para discriminar as características permanentes das temporárias. Nem todas as línguas têm essa preciosa diferenciação. Diz-se: estou feliz, estou grávida, estou pobre, estou em cima da mesa. Não se diz: estou mulher, estou brasileira, estou baixa. O fim da análise aponta para o *estar*, um estar que se repete no tempo e ao qual nos agarramos para seguir viagem dentro da linguagem. E se repete porque, quando fomos marcados pela linguagem, o fomos no corpo.

O fim da análise é da ordem de um ato que, por ser ético, só pode ser assumido pelo analisante. Basicamente, você encara o olho do furacão e diz para si mesmo — não sem o testemunho do analista — "Ah! Então é isso". Brochante assim, sem qualquer glamour ou rufar de tambores. Essa queda, embora tão aspirada e idealizada por psicanalistas lacanianos em formação, deixa um vazio, ou ainda, revela o vazio que sempre foi esse centro no qual nos fiávamos. Aquilo que se tinha horror de perder, que foi defendido com unhas e dentes, cai. Perde-se a crença alienada num significante que nos definiria. Afirmar eu *sou* isso, eu *sou* aquilo, faz supor que *la garantía soy yo*. Fica o reconhecimento de que para existirmos é preciso dizer, mas também de que o dito é contingente.

O final da minha análise foi tão desorganizador e depressivo, acrescido do mau encontro institucional que meu passe promoveu, que cheguei a questionar meu desejo de sustentar a análise dos outros. Questionei se meu *desejo de analista* (analisar) tinha qualquer relação com o desejo de *ser* analista (profissional). Enfim, o fundo do poço, no qual me deparei com a falta de garantias e a descoberta de que não há palavra final para o que sou. Quem leva uma vida satisfatória tem poucas razões para colocar a mão nessa cumbuca.

A quarta análise, segunda lacaniana, aquela depois do *final de análise*, é aquela da qual eu só esperava do analista que ele me dedicasse alguns preciosos minutos da sua semana para escutar atentamente aquilo que, de outro modo, ficaria mais difícil de discernir da massa de produções do inconsciente: fragmentos de sonho, um ato falho, um lapso chistoso, livres associações, um afeto desproporcional ou fora de contexto. Não havia a fantasia de que o analista tivesse a resposta para a pergunta sobre quem sou, pretensão insidiosa que se mantém no fundo das análises. Assumo que meus atos me ultrapassam, passo vergonha e me espanto, me responsabilizo e quero saber em nome de que eles acontecem, banco meu desejo e pago o preço. Sofro, dou vexame, sou injusta, insegura, melancólica e mimada — enfim, uma pessoa analisada.

São sete horas da manhã e em pouco tempo os gritos e a barulheira formarão, junto com a opressiva pilha de livros que me rodeia, o ambiente perfeito para escrever. Ouvi-los do outro lado da parede me lembra que existe um mundo lá fora, e fico menos capturada pelo medo de ser tragada pela escrita.

Em breve a casa estará no ponto de ocupação, suficientemente habitável ou suficientemente boa, como preferem os winnicottianos. Ponto a partir do qual todos os defeitos serão minimizados em comparação com o grande feito de tê-la reconstruído. Depois será o tempo de encarar esses defeitos com menos benevolência, até que sejamos obrigados a promover outra reforma, que dará lugar a outros defeitos, que nunca serão inteiramente sanados.

Por fim a casa que nunca está pronta deixará de poder continuar sendo habitada por nós, velhos demais para percorrer seus espaços. O sonho que lhe deu origem será esquecido, junto com as cerâmicas cuidadosamente escolhidas e os pisos de madeira, que se tornarão anacrônicos aos olhos dos que virão depois para ocupá-la ou transformá-la em estacionamento. (E, como o inconsciente não enjoa de pregar peças, lembro assim que acabo de escrever essa frase que um estacionamento era o negócio da minha família, grande sonho de ganhar dinheiro que meu pai realizou.)

O ato de escrever me permitiu seguir analisando. Sem a ilusão de que isso bastaria, pois não há ponto de chegada senão a própria morte — único ato que não é falho, segundo Lacan. HAL não se priva de perguntar se irá sonhar depois de desligado. Escrever é um truque para fincar na areia movediça a estaca da permanência.

Penso na avó que deu minha mãe na maternidade e em como sua existência se fixa nas palavras deste texto sem que isso altere em nada a vida que teve. Ainda assim, ao escrever sobre "a avó que deu minha mãe", sem sequer saber seu nome, dou-lhe um lugar entre nós. Ao nomeá-la, eu a faço existir. Exercício onipotente que não acontece sem a tristeza de reconhecer que somos esses seres de memória, tão inexatos e fugidios, que dependem da palavra para ser. Fala-a-ser ou *falasser*, como dirá Lacan.

A avó que deu minha mãe se tornou um ponto de fuga a partir do qual posso dar vazão a uma imagem que, se não tem como ser averiguada, tampouco pode ser refutada.

Mas essa história está muito redonda, fazendo crer que haveria uma determinação prévia que se realiza no só-depois, como um destino selado pela narrativa familiar, pelo inconsciente. Minha avó sentada numa cadeira de balanço, como um fantasma, determinando o que faço ou deixo de fazer, esperando ser exorcizada pelo analista que me libertaria de seu encantamento. Uma intepretação ao gosto de certo Freud, para quem a metáfora da escavação do inconsciente fazia supor um tesouro a ser descoberto e uma verdade a ser desvendada pelo Indiana Jones psicanalista. Lacan é um pouco menos afeito às metáforas coloniais que tiram da figura do explorador indômito sua força. Outra pista que Freud nos deixou e que é bem mais interessante do que a ideia de escavação é que o inconsciente está na própria trama das palavras que o compõem, pista que Lacan seguirá até o final de sua obra. No centro dessa trama há um vazio que nada tem a dizer exceto que temos de dizer para estarmos aqui, e que o dizer é o grande ato revolucionário que funda nossa existência, ficando em segundo plano, mas não menos importante, o que se diz ao dizer.

E se a coisa vai ficando esotérica, entre o poético e o paradoxal, entre o rigor e o deboche, é porque a análise deveria ser o processo de baixar a bola de um Eu que adora atribuir-se infinitos predicados. Eu sou isso, aquilo e mais aquilo...

A mãe que me engendrou, aquela que me desejou como sua filha e me colocou sob seus cuidados, está aí, vivendo sua vida até a última gota, como lhe é de direito. A mãe mítica, que saberia quem eu sou, não existe, me lançando no prazer e na angústia de uma liberdade quase impossível de assumir.

Sou a neta daquela que entregou a filha na maternidade para um casal de desconhecidos e de quem não se teve mais notícia, e do avô que deixou para os filhos uma colher furada. Esse é um começo tão bom quanto qualquer outro e igualmente pífio, como os demais. Assim são as histórias da minha família e da família que coloquei no mundo, fazendo a mim mesma pista falsa para minhas filhas, que optaram por se debruçar sobre o enigma de sua origem em suas próprias análises. Mas essas histórias já não são minhas.

1ª EDIÇÃO [2025] 2 reimpressões

ESTA OBRA FOI COMPOSTA POR MARI TABOADA EM DANTE PRO E IMPRESSA EM OFSETE PELA GRÁFICA SANTA MARTA SOBRE PAPEL PÓLEN DA SUZANO S.A. PARA A EDITORA SCHWARCZ EM SETEMBRO DE 2025

A marca FSC® é a garantia de que a madeira utilizada na fabricação do papel deste livro provém de florestas que foram gerenciadas de maneira ambientalmente correta, socialmente justa e economicamente viável, além de outras fontes de origem controlada.